10/18

12, AVENUE D'ITALIE. PARIS XIIIe

Sur l'auteur

Georges Bataille, né à Billom dans le Puy-de-Dôme en 1897, est mort à Paris en 1962. Sa vie se confond avec la recherche d'une vérité qui serait le dépassement de toute vérité. De 1925 jusqu'à sa mort, il connaît tous les mouvements intellectuels, littéraires et philosophiques de son temps. Son œuvre fait voler en éclats les divisions traditionnelles entre philosophie, poésie, roman, méditation religieuse, et comporte des essais, des poèmes, des romans parmi lesquels *Histoire de l'œil* (1928), *L'Expérience intérieure* (1943), *Le Coupable* (1944), *Sur Nietzsche* (1945), *La Haine de la poésie* (1947), *La Part maudite* (1949), *Le Bleu du ciel* (1957), *L'Érotisme* (1957), *Le Procès de Gilles de Rais* (1959), *Les Larmes d'Éros* (1961), *Ma mère* (publication posthume en 1966).

GEORGES BATAILLE

LES LARMES D'ÉROS

10/18

« Domaine français »
dirigé par Jean-Claude Zylberstein

JEAN-JACQUES PAUVERT

Du même auteur
aux Éditions 10/18

LE BLEU DU CIEL, n° 465
MA MÈRE, n° 739
MADAME EDWARDA/LE MORT/HISTOIRE DE L'ŒIL, n° 781
▶ LES LARMES D'ÉROS, n° 1264

© 1961, 1971, Jean-Jacques Pauvert
ISBN 978-2-264-03580-6

GEORGES BATAILLE, AU LOIN...

I. Qui parle ? Le témoin, le critique, le collaborateur, l'historien, l'ami ? Chacun d'eux n'aurait pas assez d'une année pour esquisser un discours sérieux ou, s'il agissait en disciple, pour se taire. Même sur les lisières extrêmes de l'intuition, je ne pourrai que jeter un coup d'œil, en plein jour, sur la nuit de cette nouvelle caverne de Platon que Georges Bataille a creusée pour y rationaliser les ténèbres de l'indicible.

Le témoin est pourtant d'un secours inespéré. Il y avait un homme en Bataille — et un homme très beau et très saint — et l'avoir vu vivre doit libérer quelques étincelles sur la nuit de son œuvre. Paul Valéry lui-même n'aurait pas dédaigné suivre, ligne par ligne, image par image, légende par légende, la fabrication d'un livre tout entier, d'un auteur infiniment paisible et hanté par sa destinée. Je vois ainsi le doux conservateur avancer sur le parquet très ciré de la Bibliothèque d'Orléans ou sous les caissons peints en bleu et or de l'ancien archevêché de la ville. J'ouvre mieux l'étui où cinquante-sept de ses lettres (quelques-unes de six pages) parlent encore des lenteurs de l'écriture, des soucis de l'illustration d'une thèse sur l'érotisme, devenue testamentaire, par la force du temps. Je l'avoue : je suis fier de m'être trouvé juste à ce moment-là au cœur de l'histoire de Georges Bataille.

Ces lettres viennent d'Orléans, bien sûr, de Fontenay-le-Comte, des Sables-d'Olonne, de Seillans et de Vézelay. J'ai aussi, copié de sa main sur deux fragments de papier orange, le texte de Georges Dumas sur le Plaisir et la Douleur qui l'a tant marqué. Et ses notes, l'avant-propos (neuf feuillets), et les premières épreuves minutieusement corrigées. Ainsi que la lettre, qui le remplit de joie, d'Henri Parisot accompagnant la photographie en couleur de La leçon de guitare *de Balthus (c'était l'époque de* Méthode de Méditation*).*

C'est le 24 juillet 1959 que Bataille arrêta le titre de ce livre : Les larmes d'Eros *(« il plaira à Pauvert », ajoutait-il avec malice). A la même date, il me demanda, à propos du* Nouveau Dictionnaire de Sexologie, *de veiller à la présence d'articles sur Gilles de Rais, Erzsébet Bàthory, le Sacré, la Transgression, la Mode, la Nudité, Jean Genet, Pierre Klossowski... ses voix favorites.*

L'idée des Larmes d'Eros *ne le quitta plus et il le conçut jusque dans le plus infime détail, de l'économie des chapitres à la coupe des clichés (il me fit même le croquis d'une tapisserie de Rosso où je devais chercher un détail auquel il tenait), en passant par un choix très élaboré d'images issues de la préhistoire, de l'Ecole de Fontainebleau, des Surréalistes. avoués ou clandestins.*

Durant deux ans, de juillet 1959 à avril 1961, il élabore le plan de l'ouvrage qui prend de plus en plus l'allure d'une conclusion sur tous les thèmes qu'il a aimés. La rédaction en était cependant d'une grande lenteur et Les larmes d'Eros *se traînait à travers les événements* [« *Entre-temps ma fille aînée a été arrêtée pour son activité (pour l'Algérie)* » [1]] *et le déclin de ses forces physiques* [« ... *je l'avoue, je ne vois pas bien clair...* » [2]]. *Le livre fut achevé — je dirai plus loin dans quelles conditions — et il lui convint : c'était un tout, du choix des caractères au rythme de la mise en page ; il avait veillé à ce que sa pensée ne fut ni retardée, ni entravée, ni trahie, par une image déplacée. Lui, si courtois, devenait péremptoire pour tuteler la forme matérielle de ses idées .* Les larmes d'Eros *se tenait bien, en effet, et il avait pu réaliser en quelque sorte le vœu de Valéry pour qui l'image remplace, souvent et avantageusement, la description fallacieuse de l'écrivain. De Gautier d'Agoty, aux planches de Cranach et aux supplices chrétiens ou chinois, l'image disait tout en un raccourci pour lequel les mots n'avaient été qu'un garde-fou. Le livre lui plut et je présume qu'il en tira même une de ses dernières joies. Il n'eut pas l'agacement de connaître la mise à l'Index de notre censure misérable — Malraux régnant — dans un de ses jours les plus sordides, de la même série qui lui fit accomplir la faute d'interdire Stekel, Havelock Ellis et... Alban Berg. Bataille était alors hors d'atteinte. La censure dégusta seule sa honte (avec toute* [4] *la presse française, soit dit en passant, qui se tut).*

II. Mon commerce avec Georges Bataille et le contexte de ce livre — qu'il écrivit pendant ce temps — contribuent à définir en moi une hypothèse : Georges Bataille a dû s'abandonner de bonne heure à l'angoisse de la mort, peut-être même à une panique intérieure qui aboutit à un système de défense ; son œuvre entière est dessinée sur ce voile. Pour supporter l'idée de la mort dans ces conditions, il fallait à la fois l'habiller de couleurs chatoyantes, la réduire à un instant sublime (le dernier instant), *en rire et faire « des choses horribles la plus horrible », l'unique port des « tourments de cette vie* [5] *». Enfin, il y a la trace de cette envie farouche d'en prévenir l'éclat en renonçant à conclure. « Ces jugements devraient conduire au silence et j'écris. Ce n'est nullement paradoxal ». Oui, mais pour exprimer le silence, le silence ne suffit plus. D'autres ont essayé l'extrême renoncement à l'écriture. Ils me font penser irrésistiblement à une phrase de Chateaubriand* (adressée à Julia Michel, en 1838) *: « Je suis ennemi de tout livre et si je pouvais détruire les miens, je n'y manquerais pas. » Même les* Mémoires d'Outre-Tombe *est virtuellement terminé... Certes le langage est un obstacle, mais il est aussi le seul moyen.*

« Tu entendras, venant de toi-même, une voix qui mène à ton destin. C'est la voix du désir et non celle d'êtres désirables. » Ici se retrouve la poésie aiguë de Bataille, sans vibrations littéraires, comme lorsqu'il

annonce : « *Le vent du dehors écrit ce livre.* » *Il ne peut que savoir combien l'impersonnalité invoquée de la pensée porte en réalité* sa *signature. Qu'il le veuille ou non, Hegel lui suggère que* « la vie qui supporte la mort et se maintient en elle, est la vie de l'esprit » (je cite de mémoire). *C'est la supériorité de la pensée hégélienne, faite de savoir* et *de science, sur les autres courants qui n'ont que le savoir, et qui, par cela, sont aveugles.*

*Hegel fait ici sa petite entrée. Non que nous voulions coûte que coûte relier Hegel à Bataille. Les profondeurs et les spirales de sa pensée sont telles que nous pourrions trouver au créateur d'*Acéphale *d'autres patrons et même Héraclite nous conviendrait, depuis le jeu de l'enfant qui rassemble des pierres, édifie des châteaux et les détruit ensuite, parfois avec la complicité du ressac, jusqu'au feu créateur. Nous pourrions chercher des ancêtres aussi à chacune de ses remarques rationnelles ou irrationnelles. D'où vient la gratuité de l'activité humaine, son gigantesque gaspillage — deux cent millions d'œufs pour un seul être mortel — son goût de renaître au prix d'une action destructrice ? D'où sort son intuition fondamentale — qui ne doit pourtant rien à l'ethnologie ni à Marcel Griaule — de la prise de conscience de l'*homo sapiens *par son sexe levé ? D'où part cette aptitude à transférer l'inquiétude religieuse en fixation sexuelle ? D'où coule cette pensée que* « la liberté souveraine, absolue, fut envisagée [...] après la négation révolutionnaire du principe de la royauté » ?

Ce serait un jeu — ce qui n'est pas méprisable — qui demeure en dehors de nos préoccupations.

III. Encore des souvenirs, qui s'imbriquent dans mon propos. Orléans. Dernière phase des Larmes d'Eros. *Il y a dans cette ville une maison très étroite et toute en hauteur, à la façade de marbre blanc dans le goût d'une Renaissance tardive. Elle n'est aujourd'hui qu'un entrepôt de fromages innombrables et cela se sent même au milieu du marché qui est en face. Georges Bataille était fasciné par l'ensemble et l'incongruité de l'architecture par rapport à ce négoce de fromages. De son esprit devaient aussi jaillir des rapprochements étonnants. Je pouvais juger à froid d'autant que je déteste l'odeur du fromage. Au milieu du marbre orné, c'est donc avec Monique que Bataille fit une large provision pour le déjeuner de ce jour où l'on achevait enfin* Les larmes d'Eros. *Monique le battit d'ailleurs sur son propre terrain, en goûtant un fromage devant lequel le Munster est une variation de la violette et qui l'avait fait hésiter lui-même. Les yeux brillants d'admiration, il murmura : « C'est presque un tombeau... »*

Il puisa sans doute dans ces jouissances gustatives et olfactives — sans oublier le trouble de ses évocations — des forces nouvelles pour les dernières retouches à ce que serait son livre. Pendant des mois je subis les reproches de Monique pour ce qu'elle nommait ma cruauté. C'était d'ailleurs de la cruauté. Aux limites du supportable, je lui faisais écrire les légendes qu'il souhaitait lire le long des Larmes d'Eros. *La légende à peine écrite, de son écriture ferme, menue et essentielle, passait dans le salon à côté, où Monique la dactylographiait. A ce moment-là, la fatigue de Bàtaille était telle, et sa lucidité l'effet d'une brûlante tension, que quand je revenais, il avait déjà oublié ce qu'il venait d'écrire...*

Je devais pourtant finir ce livre qui avait pris un an de retard sur les plans de l'éditeur. C'est ma seule excuse et elle n'empêche pas mon cœur de se serrer quand je pense que j'aurais évité sa peine en renonçant au livre et en laissant intacts des tabous immémoriaux qu'il voulait à tout prix fêler.

Je cherche aussi Georges Bataille dans un vieil essai, dont je possède le tirage à part d'« Aréthuse » : Les Monnaies des Grands Mogols [6]. *Déjà, l'écrivain et le penseur se manifestent sous les routines culturelles. De l'empire à la « destinée aussi brusquement éblouissante » du petit-fils de Tamerlan, Babar, descendant de Gengis Khan par sa mère, aux jésuites se leurrant « d'espoirs délirants sur la conversion prochaine [...] de l'Inde », Georges Bataille montre une vision personnelle du monde de l'histoire. Et il s'agit d'un catalogue de monnaies zodiacales !*

Toutefois, s'il y a déjà une écriture manifeste, sa pensée ne s'est pas révélée. Le rapport érotisme-mort reste encore dans les textures mêmes de la démarche humaine et, s'il fait surface dans son esprit, demeure informulé. Il va se trouver de toute façon en bonne compagnie. C'est Bernanos qui écrit : « Il semble bien que le pressentiment de la mort commande notre vie affective [7]. »

Georges Bataille peut d'ailleurs remonter facilement jusqu'à l'Orient pour rencontrer d'autres strates d'une pensée constante. Il y a le Nirvâna et le maithuna (union sexuelle) qui s'opposent à la version inhumaine de la pensée « céleste ». Le Nirvâna est, en effet, à la fois la mort de Bouddha, l'anéantissement de la vie physique et la « petite mort », chère à Bataille. Bien qu'il fût hégélien convaincu, Schopenhauer ne lui déplaisait pas ; c'est à ce dernier que l'on doit la diffusion de ce terme en Occident, dans son acception d'extinction du désir, d'anéantissement de l'individu dans le collectif, donc d'un état de tranquillité et de bonheur parfait, où la mort n'a plus de sens, *ce qui comble les frayeurs de Bataille. Freud y voit une « tendance à la réduction, à la constance, à la suppression de la tension d'excitation interne »* [8]. *Ainsi il y décèle une correspondance avec la notion de pulsion de mort* [9]. *Nous ne pourrons pas éviter ses remarques.*

Sur un plan plus proche de la poésie de Bataille, Novalis — l'immense Novalis vers qui nous devons nous tourner chaque fois qu'une intuition hallucinante s'impose à notre esprit — a dit aussi : « Le processus de l'histoire est un embrasement et la mort peut représenter la limite positive de cette transcendance d'une vie au-delà de la vie. »

Georges Bataille ne regarde d'ailleurs pas tellement la mort, mais le dernier instant, *ce dernier instant où il faut abattre les pouvoirs de l'éternité. D'élimination en élimination, la douleur lui paraît comme médiatrice —*

intermédiaire et entremetteuse — entre la vie et la mort. D'où son regard fixé — Max von Sydow *a ce regard lorsqu'il s'efforce de pénétrer dans les prunelles de la femme qui va être brûlée* (Le Septième Sceau) — *sur les suppliciés. Ici aussi l'on doit rappeler que l'un des fondements de la doctrine de Bouddha est la vérité de la douleur, où acceptation masochiste et provocation sadienne se mêlent étroitement. On pourrait employer une phrase que Bataille énonce ailleurs :* « Souvent Hegel me semble l'évidence, mais l'évidence est lourde à supporter » [10]. *L'évidence des enchaînements qui l'amènent au* dernier instant *ne doit pas être moins lourde. Ce dernier instant deviendra son leitmotiv qui se grave dans toute son œuvre, probablement à l'aide du cautère nietzschéen.*

C'est ce dernier instant *qui accule Bataille à la recherche de preuves. Son intuition — nourrie aussi de Hegel, de Nietzsche et de Freud — admet avec aisance que* « ce sont les instincts sexuels [...] qui finissent par rendre raison des horreurs sacrificielles » [11]. *Il ne sait que trop que le plaisir de se dépasser en s'anéantissant est un plaisir sadien par excellence. Mais ce n'est pas là l'objet de sa quête. Il voudrait savoir* comment atteindre le médiateur entre le sacrifice et l'extase. Le pourquoi lui importe peu.

Dans le supplice chinois des cent morceaux [12], *il se laisse attirer par la vision d'un homme transfiguré, extatique, sous le rasoir du bourreau qui le découpe vivant à la joie des badauds. Bataille ne se laissa pas ébranler par le fait que l'instantané n'a fixé qu'une fraction éphémère de l'expression du supplicié et que, de toute manière, dans les mains d'un carabin facétieux, on peut faire rire un cadavre en manipulant l'orbiculaire des lèvres ; la certitude que le supplicié a reçu une forte dose d'opium ne sème pas davantage le doute en lui. Les victimes et les bourreaux le convainquent que le mystère du* dernier instant *est dans cette suprême angoisse qui,* au-delà, *doit se résoudre en suprême jouissance ou en suprême inconscience.* Bataille connaît les rites frénétiques des disciples du Roufaï, secte islamique liée au soufisme des derviches, où la douleur des blessures provoquées est employée comme adjuvant extatique (mais « elles sont faites dans un état de vertu où elles ne causent pas de *douleur mais une sorte de béatitude qui est une exaltation du corps autant que de l'âme* [...] Ces pratiques doivent être considérées surtout comme un des moyens d'ouvrir une porte [13] »).

C'est la grandeur et la faiblesse de la preuve : pour que la douleur ne soit pas la douleur, pour que la mort ne soit pas l'horreur de la mort, il faut qu'elles s'abstiennent d'être des réalités.

Dans la mythologie de Bataille, l'extase du supplicié fait pendant à l'extase des grands sadiques, Gilles, Erzsébet Bàthory de Nasaddy, Dona Catalina de los Rios (que Bataille n'eut pas le temps de connaître) ; ou encore à cet homme désirant *voir des corps torturés* dont parle Platon [14], aux flagellants ithyphalliques du Christ dans l'évidence des peintures et des sculptures traditionnelles (Luis Borrasà, Holbein, calvaires bretons), bref, au goût permanent des foules pour les plus cruels spectacles de mort : Cirque, Crucifixion,

Tenochtitlan, Place de Grève, Place Rouge ou Nuremberg. Tout prend un sens, mais seulement vers la destruction et la mort. Schlegel dit : « Ce n'est que dans l'enthousiasme de la destruction que se révèle le sens de la création divine. Ce n'est qu'au milieu de la mort que fulgure la vie éternelle [15]. » Ce qui n'est pas loin du hégélien : « Liberté, terreur et mort sont liées. »

L'interrogation devant la souffrance n'est donc qu'un palier d'approche à l'interrogation devant la mort. Le tâtonnement attendrissant de Georges Bataille ne peut franchir la borne de l'inconnaissable. C'est déjà assez beau qu'il puisse s'adapter sans rupture à la dialectique exprimée par le concept d'Aufheben (*dépasser en maintenant*) — particulièrement cher à un esprit hégélien — en consentant à survivre et donc à écrire. L'« écris avec ton sang » de Nietzsche, devient parfois en lui « écrire avec sa vie », mais aussi « écrire comme on rit » (*Sur Nietzsche*).

IV. *Le lecteur le plus indigent s'en aperçoit : je tourne autour du pot. Je résiste de toutes mes forces à l'idée de devoir parler de Georges Bataille sur un autre plan. J'ai retardé ce moment, et bien qu'il me répugne de lui accoler le nom de philosophe, il faut bien que j'oublie son langage poétique, qui m'a toujours convaincu davantage, pour parler de son ordre mental. J'aborde le philosophe avec toutes les réticences que me suggère la philosophie. J'ai dit ailleurs que nous vivons sur un discours vieux de vingt-cinq siècles que l'on appelle justement « philosophie » à défaut d'un mot plus incertain. Nous avons été assez coupables pour oublier qu'elle est née conditionnée par le mythe, la religion, voire la politique, ce qui signifie que c'est le seul domaine où nous avons accepté la supposition, là où la science avait toujours exigé la description.*

La philosophie a été un miroir concave ou convexe que l'homme s'est construit (sans le dire) pour nous faire voir comment nous aurions dû être, et nullement pour nous montrer comme nous sommes [16].

Les philosophies polluées du christianisme ont bien voulu séparer la Vie de l'activité des glandes endocrines ; mais elles ne sont pas pires que les philosophies laïques qui séparent l'Homme de ses activités — disons — excrémentielles. Cela nous fait songer à ces architectes sublimes qui oublient toutefois que dans une cuisine il arrive que l'eau bouille...

Il faut bien essayer d'aborder Georges Bataille, entre Hegel et Nietzsche, entre la dialectique et le tragique. Son expérience radicale et définitive de « l'impossibilité de penser » — exprimée d'ailleurs par une pensée continue qui sourd de toute son œuvre, à chaque instant — ne nous arrêtera pas, ni ne nous empêchera de la voir nettement, malgré le trouble que ses recherches engendrent à plaisir. « L'expérience est à elle-même sa propre autorité, mais [...] l'autorité s'expie [17]. » *Il veut définir, je crois, le principe d'une vie « intellectuelle » libérée de l'autorité qui soit la source de la pensée-qui-n'a-pas-de-source. Mais Bataille finit par exprimer les limites qui sont les nôtres, parce que ce qu'il redoute — la trahison de la parole — est déjà inscrit dans l'articulation originelle de la parole. Quand il dit : « Un homme est une particule* insérée *dans des ensembles instables et enchevêtrés »,* cet inséré *« compromet » à jamais tout espoir d'absence.*

*Nous ne pouvons pas, sans tomber dans le vide, éviter des appareils de sécurité ; en les renversant — par le sophisme ou par un élan prodigieux — il est peut-être possible d'atteindre l'*athéologie, *mais on se dissout aussi sûrement dans l'absence du divin et du moi ; ce qui ne peut aboutir qu'à l'*absence tout court. *Mais comment fermer les yeux sur cette absence qui, pour être intelligible, est à l'intérieur d'une présence ? Il n'y a d'ailleurs que les athées pour dramatiser l'absence de Dieu ; pour les autres, c'est un apaisement illimité.*

Devons-nous faire appel à Freud ? Peut-être les clefs — ou les crochets — de ces angoisses sont dans ses mains. Son ancienne affirmation « l'angoisse est la conséquence d'un refoulement », ne nous aide certes en rien, même si nous analysons les souvenirs de Georges Bataille vis-à-vis de son père. Ce qui prend une tout autre importance est la certitude que « la dernière transformation de l'angoisse est l'angoisse de la mort, la peur devant le surmoi projeté dans la puissance du destin [18]. »

L'ancien psychanalysé (la légende veut que Lacan ne se soit jamais laissé analyser par ses pairs) connaît toutes les nuances de la pulsion de mort (Todestriebe), *les pulsions extrêmes qui s'opposent à la pulsion de vie et tendent à la réduction complète des tensions, c'est-à-dire à ramener l'être vivant à l'état anorganique* [19] *. Il y a une tendance fondamentale dans tout être vivant à* *retourner à cet état. Et le reste s'enchaîne avec une sorte de fatalité :* « Une partie de cette pulsion aboutit au sadisme par son déplacement vers l'extérieur ; celle qui ne suit pas de déplacement, demeure dans l'organisme où elle est liée libidinalement [...] : nous y reconnaissons le masochisme originaire, érogène [20]. »

Presque tout est dit et si l'on ajoute la pensée de Freud sur ce qui dans l'esprit de Bataille a dû être la médiation du dernier instant, quelque clarté se fait : « Dans la douleur corporelle on a une haute charge — qu'on peut dire narcissique — des zones douloureuses du corps ; elle s'accroît toujours et agit d'une manière qu'on pourrait définir « vidante » [qui fait le vide », épuisante »] [21].

Les recoupements consentent d'aller assez loin. On a le droit de se demander si la hantise de la mort n'aurait pas frappé Georges Bataille d'éblouissement. « Non plus que le soleil, elle ne peut être regardée fixement [22]. » *Serait-il plus près du symbolisme qui nous avait appris* « l'étroite parenté de la beauté et de la mort » [23] ?

Je suis plus à l'aise près d'un Georges Bataille poète ébloui, mais dont le style est déjà pensée et qui, par sa seule insertion dans l'univers des paroles et des formes, dément l'atrocité qu'il voulait circonvenir pour amoindrir l'atrocité suprême du non-être. Il ne répond pas à la question de Valéry : « Pourquoi ce qui produit les êtres vivants, les produit-il mortels [24] ? », *pour l'excellente raison que la réponse nous échappera toujours tant que nous n'irons au-delà de la vie.*

V. *Mon dernier Bataille est assis au* Flore, *dans un matin ensoleillé. A ses côtés (c'est peut-être leur dernière rencontre), Balthus et, à côté de Balthus, Pierre Klossowski, deux profils d'un même médaillier. Plus loin, Patrick Waldberg, attentif comme une nourrice. Georges Bataille est là, l'œil bleu, les cheveux blancs et d'une incomparable jeunesse. Son sourire n'est nullement figé : il est presque invisible à force de mesure. Il y a le rituel de l'ange passant. Je ne l'ai plus revu et il reste ainsi dans le soleil d'un matin, lui qui ne rêvait que de tombes sans colombes.*

J.M. Lo Duca

NOTES

1. 15 juin 1960.
2. 21 février 1961.
3. «... [Capuletti est installé] au milieu d'horreurs, de supplices qui ne peuvent être interrompus de cette façon. Cela interrompt absolument la logique de ces illustrations [...] il faut trouver moyen de placer Capuletti avant la séquence "sacrifice vaudou" [...] Je suis ennuyé d'avoir à exiger quelque chose aussi nettement... » Orléans, 22 mai 1961.
4. Je dis et j'écris : *toute*.
5. Montaigne, *Essais*, I, XIV.
6. N° 13-14, octobre 1926-janvier 1927.
7. *Les grands cimetières sous la lune*. Cité par Michel Sorel : *Homo eroticus in Frankreich* (Verlag Kurt Desch Munich).
8. *Jenseits des Lustprinzips* [*Au-delà du principe de plaisir*, 1929] Gesammelte Werke, XIII, 60.
9. G.W., XIII, 373.

10. *Le coupable.*

11. Dans la monumentale préface à *Justine*, J.J. Pauvert, 1956.

12. Ce supplice a dû hanter Paris de 1913 à 1918 (et les exemples occidentaux ne manquaient pas !) Il a été vulgarisé, si j'ose dire, par un certain Louis Carpeaux dans un livre qu'on trouvait au chevet des grandes comédiennes : *Pékin qui s'en va* (1913) ; c'est le "découpage de Fou-Tchou-Li" (suite de clichés Vérascope qu'on retrouve partout).

13. *Introduzione alla Magia quale scienza dell'Io (Métaphysique de la douleur)*, par le "Groupe d'Ur", v. II, 204, Rome, 1936.

14. *De la Justice*, IV, 440.

15. *Ideen*, Minor, n. 131.

16. *Erotique de l'Art*, XXXVI, p. 531.

17. *L'Expérience intérieure.* Cf. Maurice Blanchot.

18. Nunberg.

19. *Au-delà du principe de plaisir*, o.c., G.W., XIII, 47.

20. *Das ökonomische Problem des Masochismus*, G.W., XIII, 376.

21. *Hemmung, Symptom und Angst*, G.W., XIV, II. A propos de Freud, Bataille souriait des prétentions culturelles de Paris qui ne disposait pas d'œuvre complète de Freud (ni, à l'époque, de celle de Marx).

22. La Rochefoucauld.

23. J.-P. Sartre.

24. *Suite*, p. 139.

LETTRES INÉDITES [1]

Les Sables d'Olonne, 24 juillet 1959

Mon Cher Ami,

Je voulais vous écrire depuis le 10 juillet. Mais mon temps s'est trouvé pris par la nécessité urgente d'aboutir à des envois de textes. Et de toute façon je ne pouvais vous écrire qu'assez longuement après avoir reçu mes notes. Enfin le second, et le dernier, de ces textes est parti hier. J'ai pu depuis préparer cette réponse à son tour devenue urgente...
Je me suis réjoui de ce que vous m'avez écrit au sujet de l'Institut for Sex Research de l'Université d'Indiana. J'ai hâte de vous revoir et je suis persuadé que nous aurons alors une conversation importante, entre autres sur l'illustration de mon livre.
J'ai pu faire une mise au point de mon plan et de mes notes sur l'illustration possible.
Je me suis en tout cas assuré les photographies des scènes remarquables du film de Resnais sur Hiroshima,

qui répondront à la conclusion du livre. Je voudrais faire une première partie sur Eros cruel, où je parlerai de Gilles de Rais, sur lequel je puis donner des précisions, d'Erszàbeth Bàthory, dont les crimes ne sont guère moins effrayants, et d'un jeune Américain criminel nommé William Heirens (les deux derniers inconnus en France) et d'un intérêt exceptionnel. Peut-être pourrez-vous mieux que moi écrire en Amérique pour avoir une ou deux photographies et peut-être des précisions pour l'histoire d'Heirens ? (J'ai seulement un livre déjà assez bien documenté, mais il est toujours bon d'ajouter).

La seconde partie porterait sur la beauté et commencerait par une étude sur l'attrait sexuel et la beauté à l'époque préhistorique (elle est déjà faite pour l'essentiel), et elle peut être évidemment illustrée. J'ai déjà des notes, mais elles peuvent certainement être augmentées (mais nous aurions intérêt à en parler).

Dès que ce sera possible, j'irai voir Brassaï qui, me semble-t-il, fait les meilleures photos de demi-nu qui existent. Nous sommes amis depuis longtemps et je chercherai à obtenir de lui le plus que je pourrai.

En dehors des photos de femmes, il a d'admirables photos de graffiti obscènes et, d'après ma dernière conversation avec Pauvert, j'ai l'impression que nous pourrions en envisager la publication. Cela irait certainement avec mon texte.

Inutile de dire que je m'intéresse beaucoup à ce que vous me dites du dictionnaire[2]. *Je note déjà depuis*

quelques temps les mots que je puis vous proposer, même si, pour tels d'entre eux, il y aurait intérêt à s'adresser à telle autre personne.
Voici en tout cas la liste :

>   Gilles de Rais
>   Erszàbeth Bàthory
>   Heirens (William)
>   Sacré
>   Transgression
>   Préhistoire
>   Mode
>   Nudité
>   Cambriolage
>   Genet (Jean)
>   Klossowski (Pierre)
>   Douassot (Jean)

Il y a certainement une possibilité d'augmenter sérieusement la liste.
Pour Jean Genet, je pense que Patrick Waldberg pourrait faire un très bon article. Il pourrait faire un très bon article encore :

>   Peinture moderne.

Inutile de dire que, surtout, nous avons beaucoup à parler. Mais je n'irai pas à Paris avant septembre.

Je reste aux Sables d'Olonne, 17 quai Clemenceau, jusqu'au 30. Je passerai en principe le mois d'août à

Vézelay, adresse suffisante. Si vous passez par là... Vous pourriez en tout cas me téléphoner à Vézelay, au 38 (on vient me chercher, cela ne demande pas même une minute).

Bien amicalement,

G.B.

[P.S.] Le meilleur titre pour mon livre me semble maintenant LES LARMES D'EROS. *Il plairait beaucoup à Pauvert.*

Orléans, le 17 novembre 1959

Mon Cher Ami,

Je suis maintenant de retour à Orléans. Et si, comme Pauvert me le dit, vous envisagiez de venir jusqu'à Orléans, je m'en réjouirais vivement. J'ai préparé sérieusement, même commencé mon travail, mais il serait nécessaire de procéder maintenant à une mise au point générale. Et je crois que nous aurons une conversation longue et, j'en suis convaincu, très intéressante. Pouvez-vous me téléphoner à Orléans, 87-31-23. Vous faites le numéro sur le cadran. Mais je ne me rappelle plus les chiffres par lesquels il faut

commencer pour avoir Orléans et vous serez malheureusement obligé de les demander aux renseignements.
Donc j'espère, à bientôt, et avec mes sentiments les plus sympathiques,

G.B.

Fontenay-le-Comte, le 5 mars 1960

Mon Cher Ami,

J'ai dû vous apparaître, du fait de ma dernière lettre, en bien mauvais état. S'il s'agit de souffrance, en effet, vous ne vous trompez pas. Mais il est exclus que je néglige quoi que ce soit pour les Larmes d'Eros. *En particulier, je tiens dès aujourd'hui à vous parler du principe d'une conférence que je ferais pour la sortie du livre. Au sujet de cette conférence, je chercherai à m'entendre avec André Breton.*

Mais pour cela, je voudrais m'entendre avec vous sur une sorte d'horaire comportant une date de remise du manuscrit et une date de sortie du livre.

Je ne puis vous parler aujourd'hui que de principes. C'est à vous de me dire, après accord avec Pauvert, les dates qui vous paraissent possibles. Peut-être aussi l'accord avec Julliard est-il nécessaire ?

Mon état de santé reste inquiétant, cependant le traitement que je suis me permet d'escompter une amélioration, et d'ailleurs j'ai déjà retrouvé un rythme de travail un peu lent mais régulier.

Voici ce que je puis dire dès aujourd'hui : j'ai pu reprendre le plan de mon livre de manière à lui donner un développement plus important, une ambition plus essentielle. Je voudrais en faire un livre plus remarquable qu'aucun de ceux que j'ai déjà publiés.

Naturellement, c'est à moi de préciser la date de remise du manuscrit et vous ne pouvez que me donner votre accord. Je vous propose les premiers jours d'avril, au plus tard le cinq. Je tiens compte de la lenteur relative avec laquelle je travaille actuellement. En principe je devrais aboutir le 31 mars [3] *, mais le sursis jusqu'au 5 avril me paraît prudent. Le 31 mars est un jeudi, le 5 avril un mardi. Je vous demande d'envisager en particulier la date de la sortie du livre. De telle sorte que je puisse, s'il est possible, la faire coïncider avec la date de ma conférence. Au besoin, il me semble possible, peut-être avec Patrick Waldberg et avec vous, d'organiser la conférence sans recourir à aucun organisme. Dites-moi quel est votre avis ? Il est évidemment encore très tôt, mais il me semble logique de tout prévoir.*

Je voudrais vous demander de me répondre par retour du courrier, mais seulement pour me donner votre accord afin que je puisse vous téléphoner jeudi matin 10 mars, en vue de fixer les dates, d'abord au moins approximatives.

Bien amicalement,

G.B.

Orléans, le 15 juin 1960

Mon Cher Ami,

Je rentre de Paris où j'ai cherché à vous atteindre au téléphone. Je suppose que si je vous avais téléphoné lundi ou mardi je vous aurais trouvé, mais en fait j'étais débordé par de multiples rendez-vous.

De toute façon cette lettre vous mettra au fait de mon travail. Il a été peu important depuis que nous nous sommes vus, mon état de santé était de plus en plus mauvais. Entre-temps ma fille aînée a été arrêtée pour activité politique (pour l'Algérie). En fait, c'est seulement samedi ou dimanche que, brusquement, il y a eu une sorte de seuil, je suis revenu à un état de santé normal. Je vous propose de nous rencontrer dimanche 26 juin ou lundi 27 juin à Paris. Je crois qu'à ce

moment-là, nous serons à même de tout préparer. Dites-moi ce qui vous serait le plus nécessaire immédiatement, s'il y a lieu, si vous croyez que ce soit un peu loin.
Je crois que je puis terminer le manuscrit pour la fin du mois de juillet. Je dois passer le mois de juillet aux Sables d'Olonne, où je serai bien installé pour travailler.

J'ai conscience de ma déficience au cours de ces derniers temps, mais je crois pouvoir donner fermement cette précision : tout devrait être terminé pour le 31 juillet. Naturellement la liste des illustrations devrait tomber plus tôt et, sauf exception imprévisible, nous devrions aboutir vers le 26 juin à la clore. [...]

G.B.

Les Sables d'Olonne, 13 juillet 1960

Mon Cher Ami,

Ce que m'annonce votre lettre du 11 me paraît très intéressant. Et je suis heureux que vous ayez déjà l'ektachrome.
Je crois que le fond noir de la couverture achèverait de faire ressortir la couleur.

Je vous signale tout de suite, à part, un tableau dont la photo me semble sûrement désirable [...] *Il s'agit du* Massacre des Innocents *de Cornelis Cornelisz de Haarlem. Il est cité par Leymarie, dans sa* Peinture hollandaise [...] *en des termes qui en précisent le sens pour nous.* [...]

Je vous signale à part la promesse que j'ai de 7 photos, dont 5 sont des photos de flagellation d'un bon photographe (elles viennent de Seabrook). Elles sont authentiques. Mais nous ne pourrons donner aucune référence précise. C'est une promesse sûre.

Je tenterai de vous donner ce soir la suite de ma liste d'hier, mais je n'aurai pas forcément fini. Je vous donne en tout cas tout de suite des références aux livres danois. que vous m'aviez prêtés [...]
Je pense d'autre part que vous devez être en possession des photos faites d'après l'ouvrage de Fuchs que vous m'aviez prêté.

Bien amicalement,

G.B.

[*P.S.*] *Vous devez* [...] *être en possession des photographìes de Pierre Verger, représentant des scènes d'un sacrifice au Brésil. Je vous les ai prêtées* [...] *un jour, au café de Flore.*

Enfin, une chose très importante : vous auriez intérêt à

aller voir de ma part *mon ami Brassaï, un des photographes vivants les plus remarquables (un des deux ou trois), qui, de plus est intéressé, dans une certaine mesure, à ce qui nous intéresse. C'est lui qui est l'auteur de photographies que j'ai remises, en son temps, à Girodias ! notamment des photographies de* graffiti. *Il doit avoir aussi un cliché* [4] *du célèbre phallus de Délos (dont je n'ai donné qu'une très mal reproduite dans mon* Érotisme).

Les Sables d'Olonne, 5 septembre 1960

Mon Cher Ami,

Bien que j'aie passé quelques jours en mauvais état, j'ai néanmoins travaillé. Je ne crois pas pouvoir vous expliquer par écrit le genre de difficultés que je traverse. Je ne peux pas non plus vous raconter les raisons pour lesquelles j'ai été amené à supprimer certains développements que j'avais prévus et à ne plus laisser subsister que trois parties, l'une sur la préhistoire, l'autre sur le dionysisme, suivie de ce que j'appelle les experts modernes du dionysisme, qui comprennent un bref aperçu des sabbats de la fin du moyen âge et des sectes musulmanes contemporaines. La troisième partie doit être une étude d'un aspect moderne de l'érotisme que représentent à la même époque Sade et Goya et qui doit s'accompagner d'un développement général sur la peinture moderne. Je crois pouvoir affirmer cette fois qu'il s'agit d'un travail équilibré et dont la forme définitive, après un travail relativement court, maintenant, sera pleine de sens.

Mais il me reste à vous demander si nous pourrons nous réunir, soit à Paris soit à Orléans, vers le 20 septembre, afin de régler tout ce qui restera à régler. Ceci fait, le manuscrit à mettre au point devrait être donné à l'imprimeur très tôt dans le mois d'octobre.

Bien amicalement,

G.B.

Les Sables d'Olonne, [sans date]

Mon Cher Ami,

J'ai fait et je continue de faire un effort désespéré pour aboutir. Hélas le traitement que j'ai suivi pour me remettre d'aplomb, sur le conseil du médecin, a eu plutôt l'effet contraire. Je suis à bout de forces. Je travaille malgré tout, mais j'avance très lentement, très très lentement. Je ne sais plus quoi vous dire. Il m'arrive quelquefois de me trouver devant des corrections qui ont empiré mon texte. Dieu merci, ce n'est pas vrai dans l'ensemble, mais cela dépeint une difficulté si grande, que seule une conversation me permettrait de vous rendre compte du point où j'en suis.

La seule chose qu'il me soit possible d'avancer est que d'une part je vais faire tout pour me remettre les nerfs d'aplomb, sur le plan des traitements médicaux, et que, d'autre part, je ne cesse de travailler que dans la mesure où je m'aperçois que cela s'embrouille.

Ne m'abandonnez pas. Écrivez-moi. Dites-moi où vous en êtes, ce que vous envisagez précisément et, s'il y a lieu, de nouveau, sur le plan de l'illustration.

Répondez-moi surtout sur un point précis : jusqu'à quelle date serez-vous à Paris, c'est-à-dire jusqu'à quelle date pourrai-je tenter de vous y rencontrer.

Je m'excuse de toutes ces difficultés et je vous demande, en dépit de tout, de compter sur moi. Malgré tout, le travail qui me reste à faire n'est pas tel que je puisse un instant songer à lâcher pied jusqu'au jour où je vous enverrai le manuscrit terminé ; je remets tout le reste à ce jour-là.

Très amicalement,

G.B.

[P.S.] Je crois surtout qu'il y aurait un grand intérêt à ce que nous nous rencontrions [trois lignes].
Je ferai mon possible pour faire taper pas trop tard, ces jours-ci, ce qui existe en version définitive.

Fontenay-le-Comte, 1ᵉʳ septembre 1960

Mon cher ami,

J'ai de très mauvaises périodes de dépression. Elles sont heureusement courtes. Cela a été mal ces jours-ci, mais j'ai pu me remettre au travail. Je ne vous écris pas plus longuement aujourd'hui mais je pars pour Les Sables où je serai normalement installé : je vous écrirai de là (même adresse qu'il y a un mois) dès demain.

Bien amicalement,

G.B.

J'ai des raisons d'être [la lettre est interrompue].

Orléans, le 16 décembre 1960

Mon Cher Ami,

Je m'approche de la fin de mon livre. J'ai travaillé sérieusement tous ces temps-ci. En tout cas la partie documentation est terminée. Je n'ai plus qu'à finir de rédiger. Et, en général, cela va plutôt bien.

J'irai à Paris soit pendant la semaine suivant Noël, soit à la date du jour de l'an (et dans ce cas j'y resterai quelques jours de plus).

Dites-moi si vous comptez vous absenter, et à quelle date. En effet, nous devrions à ce moment-là régler tout ce qui concerne l'illustration.

En principe, si ma santé se maintient comme elle le fait en ce moment — à la limite — mais, malgré tout se maintient, il me semble que le livre devrait être l'un des meilleurs que j'ai écrit, en même temps l'un des plus accessibles.

Je n'ose pas vous parler de la date. J'aurais absolument voulu terminer pour la fin de l'année. Mais à quinze jours près, je le crois : j'y arriverai.

Dites-moi pour quelle date je pourrais vous proposer un rendez-vous.

Très amicalement,

G.B.

Fontenay-le-Comte, 23 février 1961

Mon Cher Ami,

Je vous attendrai à Niort, mardi au train qui doit arriver vers 1 heure de l'après-midi.

Je me débats dans une difficulté sérieuse. Mais si, lundi, j'apercevais que je ne puis venir à bout, je vous télégraphierais. Malheureusement, aujourd'hui je me sens plus ou moins malade. Mais si je ne télégraphie pas demain, c'est en principe que je sors des difficultés. D'ailleurs si je ne télégraphie pas, j'écrirai et vous devriez avoir ma lettre lundi matin.

Mais si vous avez à me téléphoner vous pouvez m'appeler [...]

J'ai du mal, mais somme toute il me semble difficile que je ne vienne pas à bout...

Très amicalement

G.B.

Fontenay, le 1ᵉʳ mars 1961

Mon Cher Ami.

J'ai été très heureux de la journée où j'ai eu le sentiment que donne un long tunnel au moment où le jour réapparaît...

Excusez-moi aujourd'hui de revenir aux petites questions, à celles du moins qui sont essentielles.

Il est essentiel, je crois, d'avoir la photo du Musée Guimet le Yi-dam et sa sakhti *qui est dans l'ouvrage de Malraux (le premier publié à la NRF des ouvrages sur l'art).*

René Magritte habite 97, rue des Mimosas, Bruxelles 3. Et il est très important d'écrire pour la couleur du Carnaval du Sage, *soit à Magritte lui-même, soit à l'éditeur ou aux deux ?*

Nous n'avons pas parlé hier des fresques de la ville des Mystères de Pompéi dont vous avez les photos.

Voici pour les vases dionysiaques des indications qui permettraient d'atteindre un minimum :

1) au Louvre
   Coupe Cr. 160

2) au Louvre (en principe, mais peut-être à la B.N.)
   Amphore d'Amasis (coll. Luynes)

3) Cabinet des Médailles, n° 357

Je crois d'autre part que vous trouveriez facilement au Cabinet des Médailles le livre de L.B. Lawler : The Maenads (Mem. of the American Acad. in Rome VI, 1927) *dans lequel est reproduite l'Amphore de Munich 2344 (Lawler, pl. XXI, 4). Surtout n'oubliez pas la question de la photo à prendre au Musée de l'homme dans le bulletin de la française préhistorique 1954 (ou 5), article sur les Vénus de la Magdeleine (la plus sensuelle des deux). C'est important, c'est la plus nettement érotique (de beaucoup) des photos préhistoriques.*

Maintenant, une question importante : pouvez-vous le plus tôt possible avoir une copie des dernières pages du chapitre sur la préhistoire : mettons les deux dernières pages. Comment finir si je n'ai pas ces dernières pages : mettons les trois dernières pages. A moins que vous ne jugiez possible de vous contenter d'une addition sur épreuves que je pourrais facilement borner à une page ou deux de texte ?

Je dois le dire, je suis bien fatigué, j'ai bien du mal à me remettre au travail. Pourtant votre passage à Fontenay m'a réconforté...

Très amicalement
G.B.

Fontenay, 2 mars 1961

Mon Cher Ami,

Décidément, je n'ai pas fini de vous ennuyer avec le côté illustration. Vous trouverez aux Estampes une belle — et terrible — gravure de Cranach représentant un homme nu suspendu par les pieds à une perche horizontale et qu'un bourreau scie en deux à partir de l'entrejambe. C'est important pour moi du point de vue du mélange de l'érotisme et du sadisme et je ne pense pas que ce sera difficile à trouver. Le titre de la gravure : La Scie.

J'ai reçu hier une lettre de René Magritte. Il propose de se charger de demander pour nous le prêt par le Ministère de l'Instruction publique de Belgique des clichés nécessaires à la reproduction en couleurs du Carnaval du Sage (*Femme nue aux longs cheveux blonds, masquée d'un loup blanc*). *J'écris à Magritte pour lui demander de vous faire envoyer ces clichés rue Blomet. Il serait bon, je crois, que vous lui écriviez pour lui confirmer que c'est plutôt pressé. Mais Magritte est assez susceptible et il vaut mieux éviter de parler du côté érotique (surtout du côté plaisant de l'érotisme)* [...].

J'ai trouvé par hasard — à Fontenay — une autre photo du supplice chinois des 100 morceaux. Tout à fait semblable quant au supplice, mais c'est un autre homme. J'ai écrit à notre ami Jacques Pimpaneau qui *pourrait, je le suppose, trouver le livre d'un certain Dr Matignon, qui date du début du XXe siècle, d'où cette photographie est tirée.*

A propos de ce supplice, je m'aperçois que les photos de mon dossier ne donnent pas le texte que vous aviez rédigé pour la légende.

Pouvez-vous me dire ce qu'il en est ?

Il me semble que nous n'avons aucun Jérôme Bosch [...]

G.B.

Orléans, 22 mai 1961

Mon Cher Ami,

Il me semble que cela pourrait être le dernier envoi... Je suppose que vous rentrez à Paris à la fin de la semaine : nous pourrons alors téléphoner facilement.

J'écris à la Galerie Louise Leiris pour avoir si possible les dates des dessins de Masson ; à Pierre Klossowski pour le titre du dessin représentant un homme décapité, la tête entre les jambes, à Leonor Fini pour le titre du tableau où figurent trois femmes dont l'une, au premier plan, est cuirassée. Je leur donne votre adresse au

Carlton. Si vous arriviez à Paris plus tôt, vous avez adresse et téléphone [...]

En ce qui concerne les planches en couleur, je ne vois pas très clair dans les N°ˢ de pages, mais je m'embrouille et je suis très fatigué. J'espère que vous avez des documents plus clairs que les miens. Si je bouge, ce qui n'est pas probable, avant votre retour, je vous préviendrai.

Le plus ennuyeux, c'est même vraiment impossible la place de Capuletti que vous avez installé au milieu d'horreurs, de supplices qui ne peuvent être interrompus de cette façon. Cela interrompt absolument la logique de ces illustrations. Il faut absolument changer cela. Il me semble d'ailleurs que le Magritte et le Balthus, pourraient de leur côté comporter des erreurs. De toute façon, il faut trouver moyen de placer Capuletti avant la séquence « sacrifice vaudou — supplice chinois — illustrations finales », en tout cas avant la p. 224. Je suis ennuyé d'avoir à exiger quelque chose aussi nettement, je ne le fais, croyez-moi, qu'obligé, absolument.

Croyez à toute mon amitié,

G.B.

NOTES

1. Quelques lettres inédites des 57 en possession de J.-M. Lo Duca.
2. Il s'agit du *Nouveau Dictionnaire de Sexologie*, 2 vol., achevé en 1965 (Édition J.-J. Pauvert).
3. Le manuscrit ne fut achevé qu'un an après (15 mars 1961).
4. Il s'agit d'une photographie prise par Bataille.

AVANT-PROPOS

Nous en venons à concevoir l'absurdité des rapports de l'érotisme et de la morale.

Nous savons que l'origine en est donnée dans les rapports de l'érotisme et des superstitions les plus lointaines de la religion.

Mais au-dessus de la précision historique, nous ne perdons jamais de vue ce principe : de deux choses l'une, ou ce qui obsède est en premier ce que le désir, ce que la brûlante passion nous suggèrent ; ou nous avons le raisonnable souci d'un avenir amélioré.

Il existe, semble-t-il, un moyen terme.

Je puis vivre dans le souci d'un avenir meilleur. Mais je puis encore rejeter cet avenir dans un autre monde. Dans un monde dans lequel la mort seule a le pouvoir de m'introduire...

Ce moyen terme était sans doute inévitable. Le temps vint pour l'homme de compter – plus lourdement que sur rien – sur les récompenses, ou les châtiments, qui pourraient survenir après la mort...

Mais à la fin nous entrevoyons le temps où de telles craintes (ou de tels espoirs) ne pouvant plus jouer, l'intérêt immédiat s'opposera sans moyen terme à l'intérêt futur – où le désir brûlant s'opposera sans plus au calcul réfléchi de la raison.

Personne n'imagine un monde où la passion brûlante cesserait décidément de nous troubler... Personne, d'autre part, n'envisage la possibilité d'une vie que jamais plus le calcul ne lierait.

La civilisation entière, la possibilité de la vie humaine, *dépend de la prévision raisonnée des moyens d'assurer la vie. Mais cette vie – cette vie civilisée – que nous avons la charge d'assurer, ne peut être réduite à ces* moyens, *qui la rendent possible. Au-delà des moyens calculés nous cherchons* la fin — ou les fins — de ces moyens.

Il est banal de se donner pour fin ce qui n'est clairement qu'un moyen. La recherche de la richesse – tantôt de la richesse d'individus égoïstes, parfois de la richesse commune – n'est évidemment qu'un moyen. Le travail n'est qu'un moyen...

La réponse au désir érotique – ainsi qu'au désir, peut-être plus humain (moins physique), de la poésie, et de l'extase (mais de l'érotisme à la poésie, ou de l'érotisme

à l'extase, la différence est-elle décidément saisissable ?)
– la réponse au désir érotique, au contraire, est une fin.

En fait, la recherche des moyens est toujours, en dernier, raisonnable. La recherche d'une fin relève, elle, du désir, qui souvent défie la raison.
Souvent, en moi, la satisfaction d'un désir s'oppose à l'intérêt. Mais je lui cède, car elle est brutalement devenue ma fin dernière !

Il serait possible toutefois d'affirmer que l'érotisme n'est pas seulement cette fin qui m'éblouit. Il ne l'est pas dans la mesure où la naissance d'enfants peut en être la conséquence. Mais seuls les soins que nécessiteront ces enfants ont humainement valeur d'utilité. Personne ne confond l'activité érotique – dont la naissance d'enfants peut résulter – et ce travail utile – sans lequel, ces enfants, finalement, souffriraient et mourraient...

L'activité sexuelle utilitaire s'oppose à l'érotisme, en tant que ce dernier est la fin de notre vie... Mais la recherche calculée de la procréation, semblable au travail de la scie, risque humainement de se réduire à une lamentable mécanique.

L'essence de l'homme fût-elle donnée dans la sexualité – qui en est l'origine et le commencement – lui pose un problème qui n'a d'issue que l'affolement.
Cet affolement est donné dans la "petite mort". Pourrais-je vivre pleinement, la "petite mort"? sinon comme l'avant-goût de la mort finale ?

La violence de la joie spasmodique est profondément dans mon cœur. Cette violence, en même temps, je tremble de le dire, est le cœur de la mort : il s'ouvre en moi !

L'ambiguïté de cette vie humaine est bien celle du fou rire et des sanglots. Elle tient à la difficulté d'accorder le calcul raisonnable, qui la fonde, avec ces larmes... Avec ce rire horrible...

*

Le sens de ce livre est, en un premier pas, *d'ouvrir la conscience à l'identité de la " petite mort " et d'une mort définitive. De la volupté, du délire à l'horreur sans limites.*

C'est le premier pas.

Nous menant à l'oubli des enfantillages de la raison !

De la raison qui jamais ne sut mesurer ses limites.

Ces limites sont données dans le fait qu'inévitablement, la fin de la raison, qui excède la raison, n'est pas contraire au dépassement *de la raison !*

Par la violence du dépassement, je saisis, dans le désordre de mes rires et de mes sanglots, dans l'excès des transports qui me brisent, la similitude de l'horreur et d'une volupté qui m'excède, de la douleur finale et d'une insupportable joie !

PREMIÈRE PARTIE

LE COMMENCEMENT

(LA NAISSANCE D'ÉROS)

I

LA CONSCIENCE DE LA MORT

1. *L'érotisme, la mort et le "diable"*

La simple activité sexuelle est différente de l'érotisme ; la première est donnée dans la vie animale et seule la vie humaine présente une activité que définit peut-être un aspect « diabolique », auquel le nom d'érotisme convient.

« Diabolique », il est vrai, se rapporte au christianisme. Mais, selon l'apparence, alors que le christianisme était loin, l'humanité la plus ancienne a connu l'érotisme. Les documents de la préhistoire sont frappants : les premières images de l'homme, peintes aux murs des cavernes, ont le sexe levé. Elles n'ont rien d'exactement « diabolique » : elles sont préhistoriques, et le diable en ces temps... malgré tout...

S'il est vrai qu'essentiellement, « diabolique » signifie la coïncidence de la mort et de l'érotisme, pourrions-nous manquer, si le diable n'est à la fin que notre folie, si nous pleurons, si de longs sanglots nous déchirent — ou bien si le fou rire nous prend —, pourrions-nous manquer d'apercevoir, liée à l'érotisme naissant, la préoccupation, la hantise de la mort (de la mort, en un sens, tragique, bien que risible au demeurant). Ceux qui, dans les images qu'ils laissèrent d'eux sur les parois de leurs cavernes, le plus souvent se représentèrent en état d'érection, ne différaient pas seulement des bêtes en raison du désir associé de cette manière — en principe — à l'essence de leur être. Ce que nous savons d'eux nous permet de dire qu'ils savaient — ce qu'ignorent les animaux — qu'ils mourraient...

Les hommes eurent très anciennement de la mort une connaissance tremblée. Les images d'hommes au sexe levé datent du Paléolithique supérieur. Elles comptent au nombre des figurations les plus anciennes (elles nous précèdent de vingt à trente mille ans). Mais les sépultures les plus anciennes, qui répondent à cette connaissance angoissée de la mort, leur sont antérieures de loin ; déjà pour l'homme du Paléolithique inférieur, la mort eut un sens si lourd — et si clair — qu'il donna comme nous la sépulture aux cadavres des siens.

Ainsi la sphère « diabolique », à laquelle le christianisme, finalement, prêta, comme nous savons, le sens de l'angoisse, est-elle — en son essence — contemporaine d'hommes très anciens. Aux yeux de ceux qui crurent au diable, l'outre-tombe est diabolique... Mais déjà, d'une manière embryonnaire, la sphère « diabolique » exista, dès l'instant où des hommes — du moins des ancêtres de leur espèce — ayant reconnu qu'ils mourraient, vécurent dans l'attente, dans l'angoisse de la mort.

2. *Les hommes préhistoriques et les cavernes peintes*

Une difficulté singulière naît du fait que l'être humain ne s'est pas achevé en une fois. Ces hommes qui, les premiers, ensevelirent leurs semblables morts, et dont nous retrouvons les os dans de véritables tombes, sont de loin postérieurs aux traces humaines les plus anciennes. Pourtant, ces hommes qui, les premiers, prirent soin du cadavre des leurs, n'étaient pas encore eux-mêmes exactement humains. Les crânes qu'ils nous ont laissés ont encore des traits simiesques : leur mâchoire est proéminente et, le plus souvent, leur arcade sourcilière est bestialement surmontée d'un bourrelet osseux. Ces êtres primitifs n'ont d'ailleurs pas eu parfaitement cette station droite qui, moralement et physiquement, nous désigne — et qui nous affirme. Sans doute ils se tenaient debout ; mais leurs jambes n'étaient pas nettement érigées comme le sont les nôtres. Nous devons même penser qu'ils eurent, comme les singes, un système pileux, qui les revêtait et les protégeait du froid... Nous ne connaissons pas seulement par les squelettes et les sépultures qu'il laissa celui que les préhistoriens désignent sous le nom d'Homme de Néanderthal : nous avons ses outils de pierre taillée, qui sont en progrès sur ceux de ses pères. Ceux-ci furent dans l'ensemble moins humains ; au surplus, l'Homme de Néanderthal, assez vite, fut à son tour dépassé par l'*Homo sapiens,* en tous points notre semblable. (En dépit de son nom, celui-ci n'en *savait* guère plus que l'être encore voisin du singe qui le précéda, mais il était physiquement notre semblable.)

Les préhistoriens donnent à l'Homme de Néanderthal, comme à ses prédécesseurs, le nom d'*Homo faber* (d'homme ouvrier). Il s'agit de l'homme effectivement, dès qu'apparaît l'outil adapté à un usage, et façonné en conséquence. L'outil est la preuve de la connaissance, si l'on admet que savoir est essentiellement « savoir faire ». Les plus anciennes traces de l'homme archaïque, ossements accompagnés d'outils, ont été trouvées en Afrique du Nord (à Ternifine Palikao), et datées d'environ un million d'années. Mais le temps où la mort devint consciente, que marquent les premières sépultures, est déjà d'un immense intérêt (sur le plan de l'érotisme en particulier). La date en est bien plus tardive : il s'agit en principe de cent mille ans avant nous. A la fin, l'apparition de notre semblable, de celui dont, sans équivoque, le squelette établit l'appartenance à notre espèce (si l'on ne tient pas compte des restes d'ossements isolés, mais de tombes nombreuses liées à toute une civilisation) nous renvoie tout au plus à trente mille ans.

Trente mille ans... Mais il ne s'agit plus, cette fois, de débris humains proposés par des fouilles à la science, à la préhistoire, qui interprètent, et qui, nécessairement dessèchent...

Il s'agit de signes éclatants... de signes qui atteignent la sensibilité profonde : ces signes ont enfin la force d'émouvoir, et sans doute ne cesseront-ils plus désormais de nous troubler. Ces signes sont les peintures que des hommes très anciens ont laissées sur les parois des cavernes où ils durent célébrer leurs cérémonies incantatoires...

Jusqu'à la venue de l'Homme du Paléolithique supérieur, de celui que la préhistoire a désigné d'un nom peu justifiable (celui d'*Homo sapiens* [1]), l'homme des premiers temps n'est encore apparemment qu'un intermédiaire entre l'animal et nous. Dans son obscurité, nécessairement, cet être nous fascine, mais, dans leur ensemble, les traces qu'il a laissées n'ajoutent guère à cette informe fascination. Ce que nous savons de lui, qui nous touche intérieurement, ne s'adresse pas dès l'abord à la sensibilité. Si nous tirons cette conclusion des ses usages funèbres : qu'il avait la conscience de la mort, seule la réflexion est immédiatement touchée. Mais l'Homme du Paléolithique supérieur, l'*Homo sapiens,* nous est maintenant connu par des signes qui ne nous touchent pas seulement par une exceptionnelle beauté (ses peintures sont souvent merveilleuses). Ces signes nous atteignent encore du fait qu'ils nous apportent le témoignage multiplié de sa vie érotique.

La naissance de cette émotion extrême, que nous désignons sous le nom d'érotisme, et qui oppose l'homme à l'animal, est certes un aspect essentiel de ce que les recherches préhistoriques apportent à la connaissance...

3. *L'érotisme lié à la connaissance de la mort*

Le passage de l'Homme, encore un peu simiesque, de Néanderthal à notre semblable, à cet homme achevé, dont en rien le squelette ne diffère du nôtre, et dont les peintures, ou les gravures, qui l'ont figuré, nous font savoir qu'il avait perdu l'abondant système pileux de l'animal, fut sans doute décisif. Nous l'avons vu, l'homme vraisemblablement velu de Néanderthal avait la connaissance de la mort. Et c'est à partir de cette connaissance que l'érotisme apparut, qui oppose la vie sexuelle de l'homme à celle de l'animal. Le problème n'a pas été posé : en principe, le régime sexuel de l'homme, qui n'est pas, comme celui de la plupart des animaux, saisonnier, semble dériver de celui du singe. Mais le singe diffère essentiellement de l'homme en ce qu'il n'a pas la connaissance de la mort. La conduite d'un singe auprès d'un congénère mort exprime l'indifférence, alors que l'Homme, encore imparfait, de Néanderthal, enterrant les cadavres des siens, le fit avec un soin superstitieux, qui trahit en même temps le respect et la peur. La conduite sexuelle de l'homme relève, comme celle du singe en général, d'une excitation intense, que n'interrompt nul rythme saisonnier, mais elle est également marquée par une réserve ignorée des animaux, et que les singes, en particulier, ne montrent pas... A la vérité, le sentiment de gêne à l'égard de l'activité sexuelle rappelle, en un sens du moins, le sentiment de gêne à l'égard de la mort et des morts. La « violence » nous déborde *étrangement* dans chaque cas : chaque fois, ce qui se passe est *étranger* à l'ordre des choses reçu, auquel s'oppose chaque fois cette violence. Il y a une indécence dans la mort, différente sans doute de ce que l'activité sexuelle a d'incongru. La mort est associée aux larmes, et parfois le désir sexuel l'est au rire. Mais le rire n'est pas autant qu'il semble un contraire des larmes : l'objet du rire et l'objet des larmes se rapportent toujours à quelque sorte de violence, interrompant le cours régulier, le cours habituel des choses. Les larmes se lient d'ordinaire à des événements inattendus, qui désolent, mais d'autre part un résultat heureux et inespéré nous émeut parfois à tel point que nous pleurons. Le désordre sexuel évidemment ne nous tire pas de larmes, mais toujours il nous dérange, il nous boulverse parfois et, de deux choses l'une : il nous fait rire ; il nous engage sinon à la violence de l'étreinte...

Sans doute, il est difficile d'apercevoir, clairement et distinctement, l'unité de la mort, ou de la conscience de la mort, et de l'érotisme. En son principe, le désir exaspéré ne peut être opposé à la vie, qui en est le résultat. Le moment érotique est même le sommet de cette vie, dont la plus grande force, et l'intensité la plus grande, se révèlent au moment où deux êtres s'attirent, s'accouplent et se perpétuent. Il s'agit de la vie, il s'agit de la reproduire, mais se reproduisant, la vie déborde :

elle atteint débordant le délire extrême. Ces corps mêlés, qui, se tordant, se pâmant, s'abîment dans des excès de volupté, vont à l'opposé de la mort, qui les vouera, plus tard, au silence de la corruption.

En effet, selon l'apparence, à tous les yeux, l'érotisme est lié à la naissance, à la reproduction qui sans fin répare les ravages de la mort.

Il n'en est pas moins vrai que l'animal, que le singe, dont parfois la sensualité s'exaspère, ignore l'érotisme. Il l'ignore justement dans la mesure où la connaissance de la mort lui manque. C'est au contraire du fait que nous sommes humains, et que nous vivons dans la sombre perspective de la mort, que nous connaissons la violence exaspérée, la violence désespérée de l'érotisme.

Il est vrai : parlant dans les limites utilitaires de la raison, nous percevons le sens pratique et la nécessité du désordre sexuel. Mais de leur côté, ceux qui donnent le nom de « petite mort » à sa phase terminale auraient-ils tort d'en avoir aperçu le sens funèbre ?

4. *La mort au fond du "puits" de la caverne Lascaux*

N'y a-t-il pas dans les réactions obscures — immédiates — au sujet de la mort et de l'érotisme, telles que je crois possible de les saisir, une valeur décisive, une valeur fondamentale ?

J'ai parlé pour commencer d'un aspect « diabolique », qu'auraient les plus vieilles images de l'homme qui nous soient parvenues.

Mais cet élément « diabolique » : à savoir la malédiction liée à l'activité sexuelle, apparaît-il vraiment dans ces images ?

J'imagine introduire la question la plus lourde, à la fin retrouvant dans les documents préhistoriques les plus anciens, le thème que la Bible illustra. Retrouvant, ou du moins disant que je retrouve, au plus profond de la caverne de Lascaux, le thème du péché originel, le thème de la légende biblique ! la mort liée au péché, liée à l'exaltation sexuelle, à l'érotisme !

Cette caverne, quoi qu'il en soit, pose en une sorte de puits, qui n'est qu'une anfractuosité naturelle — très difficilement accessible — une énigme déconcertante.

Sous la forme d'une peinture exceptionnelle, l'Homme de Lascaux sut ensevelir au plus profond cette énigme qu'il nous propose. A vrai dire, il n'y eut pas d'énigme à ses yeux. Pour lui, cet homme et ce bison, qu'il représentait, eurent un sens clair. Mais nous devons maintenant désespérer devant l'image obscure que les murs de la caverne nous proposent : celle d'un homme au visage d'oiseau, qu'affirme un sexe droit, mais qui s'effondre. Cet homme est allongé devant un bison blessé. Celui-ci va mourir, mais, faisant face à l'homme, il perd affreusement ses entrailles.

Un caractère obscur, étrange, isole cette scène pathétique, de laquelle rien de ce temps ne peut être rapproché. Au-dessous de l'homme renversé, un oiseau dessiné du même trait, à l'extrémité d'un bâton, achève d'égarer la pensée.

Plus loin, vers la gauche, un rhinocéros s'éloigne, mais il n'est pas sûrement lié à la scène où le bison et l'homme-oiseau nous apparaissent unis dans l'approche de la mort.

Comme l'a suggéré l'abbé Breuil, le rhinocéros pourrait, après avoir ouvert le ventre du bison, s'éloigner lentement des mourants. Mais, clairement, la composition attribue à l'homme, au javelot que la main du mourant put lancer, l'origine de la blessure. Le rhinocéros, au contraire, semble indépendant de la scène principale, qui pourrait d'ailleurs, à jamais, être inexplicable...

Que dire ici, de cette évocation frappante, depuis des millénaires ensevelie dans cette profondeur perdue — pour ainsi dire inaccessible ?

Inaccessible ? De nos jours, exactement depuis vingt ans, quatre personnes à la rigueur peuvent ensemble être admises à regarder l'image que j'oppose, qu'en même temps j'associe, à la légende de la Genèse. La caverne de Lascaux fut découverte en 1940 (exactement le 12 septembre). Depuis lors, un petit nombre de personnes ont pu descendre au fond du puits, mais la photographie put faire assez largement connaître une peinture exceptionnelle : cette peinture, je le rappelle, représente un homme à tête d'oiseau, peut-être mort, en tout cas, renversé devant un bison mourant, qui s'abandonne à la rage.

Dans un ouvrage écrit, il y a six ans, sur la caverne de Lascaux [2], je m'étais interdit d'expliquer personnellement cette scène surprenante. Je me bornai à rapporter l'interprétation d'un anthropologue allemand[3], qui la rapprochait d'un sacrifice yakoute et voyait dans l'attitude de l'homme l'extase d'un chaman, qu'un masque, apparemment, déguise en oiseau. Le chaman — le sorcier — de l'âge paléolithique n'aurait pas différé beaucoup d'un chaman, d'un sorcier sibérien des temps modernes. A vrai dire, l'interprétation ne possède à mes yeux qu'un mérite : elle souligne « l'étrangeté de la scène »[4]. Après deux ans d'hésitation, il me parut possible cependant d'avancer, faute d'hypothèse précise, un principe. J'affirmai dans un nouvel ouvrage[5], me basant sur le fait « que l'expiation consécutive au meurtre de l'animal est de règle chez les peuples dont la vie ressemble en quelque mesure à celle des peintres des cavernes » :

« Le sujet de cette célèbre[6] peinture (qui suscita des explications contradictoires, nombreuses et fragiles) serait *le meurtre et l'expiation* . »

Le chaman expierait, en mourant, le meurtre du bison. L'expiation du meurtre des animaux tués à la chasse est de règle pour de nombreuses tribus de chasseurs.

Quatre ans ayant passé, la prudence de l'énoncé me semble excessive. L'affirmation, faute de commentaires, avait peu de sens. En 1957, je me bornai à dire encore :

« Tout au moins cette manière de voir a-t-elle le mérite de substituer à l'interprétation magique (utilitaire), évidemment pauvre, des images des cavernes, une interprétation religieuse, plus en accord avec un caractère de jeu suprême... »

Il me semble essentiel aujourd'hui d'aller plus loin. Dans ce livre nouveau, l'énigme de Lascaux n'aura pas toute la place, du moins sera-t-elle à mes yeux le point d'où je partirai. Et c'est à son propos que je m'efforcerai de montrer le sens d'un aspect de l'homme qu'il est vain de négliger ou d'omettre, et que le nom d'*érotisme* désigne.

NOTES

1. L'adjectif *sapiens* signifie exactement doué de connaissance. Mais il est évident que l'outil suppose, de la part de celui qui le façonne, la connaissance de sa fin. Exactement, cette connaissance de la fin de l'outil est la base de toute connaissance. D'autre part la connaissance de la mort, dont le fondement met la sensibilité en jeu, et qui, pour cette raison, est clairement distincte de la pure connaissance discursive, de son côté, marque une étape dans le développement humain de la connaissance. Or la connaissance de la mort, de loin postérieure à la connaissance de l'outil, n'en est pas moins antérieure à la venue de celui que la préhistoire désigne sous le nom d'*Homo sapiens*.
2. G. BATAILLE, *Lascaux ou la Naissance de l'Art*, Genève, Skira, 1955, p. 139.
3. H. KIRCHNER, *Ein Beitrag zur Urgeschichte der Schamanismus*, dans "Anthropos", t. 47, 1952.
4. Elle souligne aussi le fait que les hommes du Paléolithique supérieur n'étaient pas après tout si différents de certains Sibériens des temps modernes. Mais la précision du rapprochement est d'une fragilité peu soutenable.
5. G. BATAILLE, *L'Erotisme*, Ed. de Minuit, 1957, p. 83.
6. Célèbre en ce sens au moins qu'elle a fait couler beaucoup d'encre.

II

LE TRAVAIL ET LE JEU

1. *L'érotisme, le travail et la petite mort*

Je dois d'abord reprendre les choses de loin. En principe, je pourrais sans doute parler de l'érotisme en détail, sans avoir à parler trop longuement du monde où il se joue. Il me semblerait vain toutefois de parler de l'érotisme indépendamment de sa naissance, indépendamment des conditions premières dans lesquelles il est donné. Seule la *naissance* de l'érotisme, à partir de la sexualité animale, a mis l'essentiel en jeu. Il serait inutile de chercher à comprendre l'érotisme, si nous ne pouvions parler de ce qu'il fut à l'origine.

Je ne puis manquer d'évoquer, dans ce livre, l'univers dont l'homme est le produit, l'univers dont précisément l'érotisme le détourne. Si l'on envisage l'histoire, pour commencer l'histoire des origines, la méconnaissance de l'érotisme entraîne d'évidentes erreurs. Mais si, voulant comprendre l'homme en général, je veux en particulier comprendre l'érotisme, une première obligation s'impose à moi : tout d'abord, je dois donner la première place au travail. D'un bout à l'autre de l'histoire, en effet, la première place appartient au travail. Le travail, à coup sûr, est le fondement de l'être humain.

D'un bout à l'autre de l'histoire, partant des origines (c'est-à-dire de la préhistoire)... La préhistoire n'est d'ailleurs différente de l'histoire qu'en raison de la pauvreté des documents qui la fondent. Mais sur ce point fondamental, il faut dire que les documents les plus anciens, et les plus abondants, concernent le travail. A la rigueur, nous trouvons des ossements, ceux des hommes eux-mêmes ou des animaux qu'ils chassaient — et dont, en principe, ils se nourrissaient. Mais les outils de pierre sont de beaucoup les documents les plus nombreux de ceux qui nous permettent d'introduire un peu de lumière dans notre passé le plus éloigné.

Les recherches des préhistoriens ont fourni d'innombrables pierres taillées, dont souvent l'emplacement donna la date relative. Ces pierres ont été travaillées pour répondre à un usage. Les unes ont servi d'armes et les autres d'outils. Les outils, qui servaient à la fabrication de nouveaux outils, étaient en même temps nécessaires à la fabrication des armes : « coups de poing », haches, sagaies, pointes de flèches..., qui pouvaient être de pierre, mais dont parfois les os des animaux tués fournissaient la matière première.

Bien entendu, c'est le travail qui dégagea l'homme de l'animalité initiale. C'est par le travail que l'animal devint humain. Le travail avant tout fut le fondement de la connaissance et de la raison. La fabrication des outils ou des armes fut le point de départ de ces premiers raisonnements qui humanisèrent l'animal que nous étions. L'homme, façonnant la matière, sut l'adapter à la fin qu'il lui assignait. Mais cette opération ne changea pas seulement la pierre, à laquelle les éclats qu'il en tirait donnaient la forme voulue. L'homme se changea lui-même : c'est évidemment le travail qui de lui fit l'être humain, l'animal raisonnable que nous sommes.

Mais s'il est vrai que le travail est l'origine, s'il est vrai que le travail est la clé de l'humanité, les hommes, à partir du travail, s'éloignèrent entièrement, à la longue, de l'animalité. Ils s'en éloignèrent en particulier sur le plan de la vie sexuelle. Ils avaient d'abord adapté dans le travail leur activité à l'utilité qu'ils lui assignaient. Mais ce ne fut pas seulement sur le plan du travail qu'ils se développèrent : c'est dans l'ensemble de leur vie qu'ils firent répondre leurs gestes et leur conduite à une fin poursuivie. L'activité sexuelle des animaux est instinctive, le mâle qui cherche la femelle, et la couvre, ne répond qu'à l'agitation instinctive. Mais les hommes, ayant accédé par le travail à la conscience de la fin poursuivie, se sont généralement éloignés de la pure réponse instinctive en discernant le sens que cette réponse avait pour eux.

Pour les premiers hommes qui en eurent conscience, la fin de l'activité sexuelle ne dut pas être la naissance des enfants, ce fut le plaisir immédiat qui en résultait. Le mouvement instinctif allait dans le sens de l'association d'un homme et d'une femme en vue de la nourriture des enfants, mais dans les limites de l'animalité, cette association n'avait de sens qu'à la suite d'une procréation. La procréation n'était pas tout d'abord un but conscient. A l'origine, lorsque le moment de l'union sexuelle répondit humainement à la volonté consciente, la fin qu'elle se donna fut le plaisir, ce fut l'intensité, la violence du plaisir. Dans les limites de la conscience, l'activité sexuelle répondit d'abord à la recherche calculée de transports voluptueux. De nos jours encore, des peuplades archaïques ont ignoré le rapport nécessaire de la conjonction voluptueuse et de la naissance des enfants. Humainement, la conjonction, celle des amants ou des époux, n'eut d'abord qu'un sens , celui du désir érotique : l'érotisme diffère de l'impulsion sexuelle animale en ce qu'il est, en principe, de la même façon que le travail, la recherche consciente de la fin qu'est la volupté. Cette fin n'est pas, comme celle du travail, le désir d'une acquisition, d'un accroissement. Seul l'enfant représente une acquisition, mais le primitif ne voit pas dans l'acquisition, effectivement bénéfique, de l'enfant le résultat de l'union sexuelle ; pour le civilisé, généralement, la venue au monde de l'enfant perdit le sens bénéfique — matériellement bénéfique — qu'elle eut pour le sauvage.

Il est vrai, la recherche du plaisir envisagé comme une

fin, de nos jours, est souvent mal jugée. Elle n'est pas conforme aux principes sur lesquels l'activité se fonde aujourd'hui. En effet la recherche voluptueuse, qui n'est pas condamnée, n'en est pas moins envisagée de telle manière que, dans certaines limites, il est mieux de n'en pas parler. Au surplus, en profondeur, une réaction qui n'est pas justifiable à première vue, n'en est pas moins logique. Dans une réaction primitive, qui ne cesse d'ailleurs pas d'opérer, la volupté est le résultat prévu du jeu érotique. Mais le résultat du travail est le gain : le travail enrichit. Si le résultat de l'érotisme est envisagé dans la perspective du désir, indépendamment de la naissance possible d'un enfant, c'est une perte, à laquelle répond l'expression paradoxalement valable de « petite mort ». La « petite mort » a peu de choses à voir avec la mort, avec l'horreur froide de la mort... Mais le paradoxe est-il déplacé lorsque l'érotisme est en jeu ?

Effectivement, l'homme, que la conscience de la mort oppose à l'animal, s'en éloigne aussi dans le mesure où l'érotisme, chez lui, substitue un jeu volontaire, un calcul, celui du plaisir, à l'instinct aveugle des organes.

2. *Des cavernes deux fois magiques*

Les sépultures de l'Homme de Néanderthal ont pour nous cette signification fondamentale : elles témoignent de la conscience de la mort, de la connaissance d'un fait tragique : que l'homme pouvait, qu'il devait sombrer dans la mort. Mais nous ne sommes assurés du passage de l'activité sexuelle instinctive à l'érotisme que pour la période à laquelle apparut notre semblable, cet Homme du Paléolithique supérieur, le premier qui physiquement ne fut en rien notre inférieur, qui peut-être, et même il le faut supposer, put disposer de ressources mentales analogues aux nôtres [1]. Rien ne prouve même — au contraire — que cet homme très ancien ait eu sur nous cette infériorité, d'ailleurs superficielle, de ceux que parfois nous appelons « sauvages » ou « primitifs ». (Les peintures de son temps, qui sont les premières connues, ne sont-elles pas quelquefois comparables aux chefs-d'œuvre de nos musées ?)

L'Homme de Néanderthal avait encore, s'opposant à ce que nous sommes, une infériorité manifeste. Sans doute, il avait comme nous (de même que ses ancêtres) la station droite. Mais il fléchissait encore un peu sur les jambes et d'ailleurs, il ne marchait pas « humainement » : c'est le bord extérieur et non la plante du pied qu'il faisait porter sur la terre. Il avait le front bas, la mâchoire proéminente et son cou n'était pas, comme le nôtre, assez long et délié. Même il est logique de l'imaginer couvert de poils comme le sont les singes et, dans leur ensemble, les mammifères.

Sur la disparition de cet homme archaïque, nous ne savons rien en principe, sinon que notre semblable, sans transitions, peupla les régions que l'Homme de Néanderthal avait occupées ; que, par exemple, il se multiplia dans la vallée de la Vézère, et dans d'autres régions (du sud-ouest de la France et du nord de l'Espagne) où furent découvertes les traces nombreuses de ses admirables dons : la naissance de l'art suivit en effet l'achèvement physique de l'être humain.

C'est le travail qui décida : c'est le travail dont la vertu détermina l'intelligence. Mais l'achèvement de l'homme, au sommet, cette nature humaine accomplie qui, d'abord nous éclairant, donna pour finir à celui que nous sommes une ivresse, une satisfaction qui n'est pas seulement résultat d'un travail utile. Au moment où parut, hésitante, l'œuvre d'art, le travail était depuis des centaines de milliers d'années le fait de l'espèce humaine. A la fin, ce n'est pas le travail, *mais le jeu,* qui décida lorsque l'œuvre d'art s'accomplit et que le travail devint en partie, dans d'authentiques chefs-d'œuvre, autre chose qu'une réponse au souci de l'utilité. Certes l'homme est essentiellement l'animal qui travaille. Mais il sait aussi changer le travail en jeu. Je le souligne à propos de l'art (de la naissance de l'art) : le jeu humain, vraiment humain, fut d'abord un travail, un travail qui devint un jeu [2]. Quel est finalement le sens des peintures merveilleuses qui ornent en désordre des cavernes difficiles d'accès ? Ces cavernes étaient de sombres sanctuaires que des torches éclairaient faiblement ; ces peintures, il est vrai, devaient opérer magiquement la mort des bêtes du gibier qu'elles figuraient. Mais leur beauté animale, fascinante, après des millénaires d'oubli, a toujours un sens premier : celui de la séduction et de la passion, celui du *jeu* émerveillé, du jeu qui retient le souffle, et que sous-tend le désir du succès.

Essentiellement, ce domaine des cavernessanctuaires est en effet celui du jeu. La première place, dans les cavernes, est donnée à la chasse, en raison de la valeur magique des peintures, peut-être aussi de la beauté des figurations : elles étaient d'autant plus efficaces qu'elles étaient belles. Mais la séduction, la profonde séduction du jeu l'emportait sans doute dans l'atmosphère chargée des cavernes, et c'est en ce sens qu'il y a lieu d'interpréter l'association des figures animales de la chasse et des figures humaines érotiques. Sans nul doute, une telle association ne relève en rien d'un parti pris. Il serait plus sensé d'invoquer le hasard. Mais il est vrai qu'avant tout, ces cavernes sombres furent en fait consacrées à ce qu'est, dans sa profondeur, le jeu — le jeu qui s'oppose au travail, et dont le sens est avant toutes choses d'obéir à la séduction, de répondre à la *passion*. Or la passion, introduite, en principe, là où des figures humaines apparaissent, peintes ou dessinées, sur les murs des cavernes préhistoriques, est l'érotisme. Sans parler de l'homme mort du puits de Lascaux, beaucoup de ces figures, masculines, ont le sexe levé. Même une figure féminine exprime le désir avec évidence. Une image double enfin représente, dans l'abri sous roche de Laussel, l'union sexuelle ouverte. La liberté de ces premiers temps présente un caractère paradisiaque. Il est probable que leurs civilisations rudimentaires, mais, dans leur simplicité, vigoureuses, ignoraient la guerre. Celle des Eskimo d'aujourd'hui, qui l'ignoraient eux-mêmes, avant l'arrivée des Blancs, n'en a pas les vertus essentielles. Elle n'a pas la suprême vertu de l'aurore. Mais le climat de la Dordogne préhistorique était semblable à celui des régions arctiques où vivent les Eskimo d'aujourd'hui. Et l'humeur de fête des Eskimo ne fut sans doute pas étrangère à ceux qui furent nos ancêtres lointains. Des Eskimo répondaient, à des pasteurs qui voulaient s'opposer à leur liberté sexuelle, qu'ils avaient jusque-là librement et gaiement vécu d'une manière semblable à celle d'oiseaux qui chantent. Le froid, sans doute, est moins contraire aux jeux de l'érotisme que nous ne l'imaginions dans les limites du confort actuel. Les Eskimo en sont la preuve. De même, sur les hauts plateaux du Tibet, dont nous connaissons le climat polaire, les habitants sont très adonnés à ces jeux.

Il y a peut-être un aspect paradisiaque de l'érotisme premier dont nous retrouvons, dans les cavernes, les traces naïves. Mais cet aspect n'est pas si clair. Il est sûr qu'à sa naïveté enfantine s'oppose déjà une certaine lourdeur.
Tragique... Et sans le moindre doute.
En même temps, dès l'abord, comique.
C'est que l'érotisme et la mort sont liés.
Qu'en même temps, le rire et la mort, le rire et l'érotisme sont liés...
Nous avons déjà vu l'érotisme lié à la mort au plus profond de la caverne de Lascaux.
Il y a là une révélation étrange, une révélation fondamentale. Mais telle sans doute que nous ne pouvons être surpris du silence — du silence incompréhensif — qui d'abord accueillit seul un mystère aussi chargé.
L'image est d'autant plus étrange que ce mort au sexe

levé a la tête d'un oiseau, tête animale et si puérile qu'obscurément peut-être, et dans le doute, un aspect risible en ressort.

La proximité d'un bison, d'un monstre qui, perdant ses entrailles, agonise, d'une sorte de minotaure qu'apparemment cet homme mort et ithyphallique, avant de mourir, a tué.

Il n'est sans doute pas au monde d'autre image aussi lourde d'horreur comique ; au surplus, en principe, inintelligible.

Il s'agit d'une énigme désespérante, avec une risible cruauté, se posant à l'aurore des temps. Cette énigme, il ne s'agit pas vraiment de la résoudre. Mais, s'il est vrai que nous manquent les moyens de la résoudre, nous ne pouvons nous dérober ; elle est inintelligible sans doute, elle nous propose du moins de vivre dans sa profondeur.

Elle nous demande, étant la première humainement posée, de descendre au fond de l'abîme ouvert en nous par l'érotisme et la mort.

Personne ne soupçonnait l'origine d'images animales, au hasard, aperçues dans quelque galerie souterraine. Depuis des millénaires, les cavernes préhistoriques et leurs peintures avaient en quelque sorte disparu : un silence absolu s'éternisait. Encore à la fin du siècle dernier, de celles qu'avait révélé le hasard, personne n'aurait imaginé l'ancienneté délirante. C'est seulement au début du siècle présent que l'autorité d'un grand savant, l'abbé Breuil a imposé l'authenticité de ces œuvres des premiers hommes — les premiers qui furent tout à fait nos semblables — mais que l'immensité des temps sépare de nous.

La lumière est faite aujourd'hui, sans que reste l'ombre d'un doute. Un flot incessant de visiteurs anime aujourd'hui ces cavernes émergées peu à peu, l'une après l'autre, d'une nuit infinie... Il anime en particulier celle de Lascaux, la plus belle, la plus riche...

Toutefois, celle entre toutes qui reste en partie mystérieuse.

C'est en effet dans l'anfractuosité la plus profonde de cette caverne, la plus profonde, la plus inaccessible aussi (aujourd'hui, une échelle de fer verticale permet toutefois d'y accéder, du moins permet à un petit nombre de personnes à la fois, d'y accéder, si bien que l'ensemble des visiteurs l'ignore, ou la connaît au mieux par des reproductions photographiques...) ; c'est dans le fond d'une anfractuosité, si malaisée d'accès qu'elle est aujourd'hui désignée sous le nom de « puits », que nous nous trouvons devant la plus frappante, et la plus étrange des évocations.

Un homme, mort autant qu'il semble, est étendu, abattu devant un lourd animal immobile, menaçant. Cet animal est un bison — et la menace qui en émane est d'autant plus lourde qu'il agonise : il est blessé et, sous son ventre ouvert, se délivrent ses entrailles. Apparemment, c'est cet homme étendu qui frappa l'animal mourant de son javelot... Mais l'homme n'est pas tout à fait un homme, sa tête, celle d'un oiseau, se termine par un bec. Rien dans cet ensemble ne justifie ce fait paradoxal, que l'homme ait le sexe levé.

La scène a un caractère érotique de ce fait ; ce

caractère est évident, clairement souligné, mais il est inexplicable.

Ainsi, dans cette anfractusotié peu accessible se révèle — mais obscurément — ce drame depuis tant de millénaires oublié : il réapparaît, mais il ne sort pas de l'obscurité. Il se révèle et néanmoins se voile.

De l'instant même où il se révèle, il se voile...

Mais dans cette profondeur fermée s'affirme un accord paradoxal, accord d'autant plus lourd qu'il s'avoue dans cette obscurité inaccessible. Cet accord essentiel et paradoxal est celui de la mort et de l'érotisme.

Cette vérité, sans doute, n'a pas cessé de s'affirmer. Pourtant, si elle s'affirme, elle ne cesse pas d'être dérobée. Tel est le propre à la fois de la mort et de l'érotisme. L'une et l'autre en effet se dérobent : ils se dérobent dans l'instant même où ils se révèlent...

Nous ne pouvions imaginer contradiction plus obscure, mieux faite pour assurer le désordre des pensées.

Pouvons-nous d'ailleurs imaginer lieu plus favorable à ce désordre : la profondeur perdue de cette caverne, qui ne dut jamais être habitée, qui même, aux premiers temps de la vie proprement humaine, dut être abandonnée [3]. (Nous savons encore qu'à l'époque où nos pères s'égaraient dans les profondeurs de ce puits, il leur fallait, voulant y parvenir à tout prix, s'y faire descendre à l'aide de cordes [4]...).

« L'énigme du puits » est certainement l'une des plus lourdes, elle est en même temps la plus tragique de celles que notre espèce est pour elle-même. Le très lointain passé dont elle émane rend compte du fait qu'elle se pose en des termes dont, en premier, l'obscurité excessive est frappante. Mais à la fin, l'obscurité impénétrable est la vertu élémentaire d'une énigme. Si nous admettons ce principe paradoxal, cette énigme du puits, qui répond d'une manière si étrange, si parfaite, à l'égnime fondamentale, étant la plus lointaine, celle que l'humanité lointaine propose à l'humanité présente, étant la plus obscure en elle-même, pourrait être en même temps la plus chargée de sens.

N'est-elle pas lourde en effet du mystère initial qu'est à ses propres yeux la venue au monde, l'apparition initiale de l'homme ? Ne lie-t-elle pas en même temps ce mystère à l'érotisme et à la mort ?

La vérité est qu'il est vain d'introduire une énigme à la fois essentielle, et posée sous la forme la plus violente, indépendamment d'un contexte bien connu, tel cependant qu'en raison de la structure humaine il demeure en principe voilé.

Il demeure voilé dans la mesure où l'esprit humain se dérobe.

Voilé, devant les oppositions qui, vertigineusement se révèlent, dans le fond pour ainsi dire inaccessible qu'est, selon moi, « l'extrême du possible »...

Telles sont, en particulier :
L'indignité du singe, qui ne rit pas...
La dignité de l'homme, qu'ébranle toutefois un rire « à ventre déboutonné »...

La complicité du tragique — que fonde la mort — avec la volupté et le rire...

L'opposition intime de la station droite — et de l'ouverture anale — liée à l'accroupissement...

NOTES

1. En principe, un enfant du Paléolithique supérieur élevé dans nos écoles aurait pu accéder au même niveau que nous.
2. Je ne puis dans les limites de ce livre rendre plus clair le caractère initial, décisif, du travail.
3. Environ 15 000 ans avant notre ère.
4. A Lascaux même, un fragment de corde a été retrouvé dans la caverne.

# DEUXIÈME PARTIE

LA FIN

(DE L'ANTIQUITÉ A NOS JOURS)

I

DIONYSOS OU L'ANTIQUITÉ

1. *La naissance de la guerre*

Bien souvent, les transports auxquels nous lions le nom d'Éros ont un sens tragique ; cet aspect ressort en particulier dans la scène du puits. Mais ni la guerre, ni l'esclavage ne sont liés aux premiers temps de l'humanité accomplie.

Avant la fin du paléolithique supérieur, la guerre semble avoir été ignorée. C'est seulement de ce temps — ou des temps intermédiaires, que désigne le nom de mésolithiques [1] — que datent les premiers témoignages de combats où des hommes s'entretuèrent. Une peinture rupestre du Levant espagnol figure un combat d'archers d'une extrême tension [2]. Cette peinture, autant qu'il semble, date à peu près de 10 000 ans avant nous. Ajoutons seulement que, depuis lors, les sociétés humaines n'ont pas cessé de s'adonner à la pratique de la guerre. Nous pouvons penser néanmoins que le meurtre, aux temps paléolithiques, j'entends le meurtre individuel, ne devait pas être ignoré. Mais il ne fut pas question pour autant de l'opposition de groupes armés, cherchant à s'anéantir. (Encore de nos jours, le meurtre individuel était, mais par exception, le fait des Eskimo, étrangers, comme les hommes du Paléolithique, à la guerre. Or les Eskimo vivent dans un climat froid, comparable dans l'ensemble, à celui des contrées où vécurent, en France, les hommes de nos cavernes peintes.)

En dépit du fait que, dès les premiers temps, la guerre primitive opposa un groupe à un autre groupe, nous pouvons penser qu'elle ne fut pas dès l'abord menée d'une manière systématique. Si nous en jugeons par des formes primitives, qui se retrouvent de notre temps, il ne dut d'ailleurs pas, à l'origine, être question de l'avantage matériel à trouver.

Les vainqueurs anéantissaient le groupe des vaincus. Ils massacraient, à la suite des combats, les ennemis survivants, les prisonniers et les femmes. Mais sans doute les jeunes enfants des deux sexes devaient être adoptés par les vainqueurs, et ceux-ci, la guerre finie, devaient les traiter sur le même pied que leurs propres enfants. Autant que nous puissions le croire à nous en tenir aux pratiques des modernes primitifs, le seul bénéfice matériel de la guerre était l'accroissement ultérieur du groupe qui avait vaincu.

2. *L'esclavage et la prostitution*

C'est bien plus tard — mais sur la date de ce changement nous ne savons rien — que les vainqueurs ont aperçu la possibilité d'utiliser les prisonniers, les réduisant en esclavage. La possibilité d'un accroissement des forces de travail et d'une diminution de l'effort nécessaire à la survie du groupe, fut rapidement appréciée. L'élevage et l'agriculture, qui se développèrent aux temps néolithiques, bénéficièrent ainsi d'un surcroît de main-d'œuvre qui permit l'oisiveté relative des guerriers. L'oisiveté entière de leurs chefs...

Jusqu'à la venue de la guerre et de l'esclavage, la civilisation embryonnaire reposait sur l'activité d'hommes libres, essentiellement égaux. Mais l'esclavage naquit de la guerre. L'esclavage joua dans le sens de la division de la société en classes opposées. Par la guerre et l'esclavage, à la seule condition d'exposer, pour commencer, leur vie, puis d'exposer la vie de leurs semblables, les guerriers disposèrent de grandes richesses. La naissance de l'érotisme précéda la division de l'humanité en hommes libres et en esclaves. Mais, en partie, le plaisir érotique dépendit du statut social et de la possession des richesses.

Dans des conditions primitives, il avait résulté du charme de la vigueur physique et de l'intelligence des hommes, de la beauté et de la jeunesse des femmes. Pour les femmes, leur beauté et leur jeunesse demeuraient décisives. Mais la société dérivée de la guerre et de l'esclavage accrut l'importance des privilèges.

Les privilèges firent de la prostitution la voie normale de l'érotisme, le mettant dans la dépendance de la force ou de la richesse individuelle, le vouant pour finir au mensonge. Nous ne devons pas nous y tromper : de la préhistoire à l'antiquité classique, la vie sexuelle s'est dévoyée, elle s'est ankylosée du fait de la guerre et de l'esclavage. Le mariage réserva la part de la procréation nécessaire. Cette part fut d'autant plus lourde que la liberté des mâles a tendu, dès l'abord, à les éloigner de la maison. A peine si, de nos jours, à la fin, l'humanité se dégage de l'ornière...

3. *La primauté du travail*

A la longue s'avère un fait essentiel : sortant de la misère paléolithique, l'humanité rencontra des maux que devaient ignorer les premiers temps. Apparemment, la pratique de la guerre date du début des temps nouveaux[3]. A ce sujet, nous ne savons rien de bien clair. Mais l'entrée en scène de la guerre, en principe, a dû marquer la régression de la civilisation matérielle. L'art animalier du Paléolithique supérieur — qui dura quelque vingt mille ans — disparut. Il disparut du moins de la région franco-cantabrique[4] : nulle part rien d'aussi beau, rien d'aussi grand n'en prit la suite. Rien du moins qui nous soit connu...

La vie humaine, sortant de la simplicité première, choisit la voie maudite de la guerre. De la guerre ruineuse, de la guerre aux suites dégradantes, de la guerre qui mène à l'esclavage ; et qui mène, au surplus, à la prostitution [5].

Dès les premières années du XIXᵉ siècle, Hegel tenta de le montrer : les répercussions de la guerre, qui dérivèrent de l'esclavage, eurent aussi leur aspect bénéfique [6]. Selon Hegel, l'homme actuel aurait peu de choses à voir avec l'aristocratie guerrière des premiers temps. En principe, l'homme actuel est le travailleur. Les riches eux-mêmes et, généralement, les classes dominantes travaillent. Ils travaillent, du moins modérément...

C'est l'esclave, en tout cas, ce n'est pas le guerrier, qui par son travail a changé le monde et c'est lui que, pour finir, le travail a changé dans son essence. Le travail l'a changé dans la mesure où il devint seul authentiquement créateur des richesses de la civilisation ; en particulier, l'intelligence et la science sont les fruits de l'effort auquel l'esclave fut contraint, travaillant tout d'abord afin de répondre aux ordres des maîtres. C'est ainsi, devons-nous dire, que le travail engendra l'homme. Celui qui ne travaille pas, que domine la honte de travailler, le riche aristocrate de l'ancien régime, ou le rentier de notre temps, ne sont que des survivances. La richesse industrielle, dont jouit le monde actuel, est le résultat du travail millénaire des masses asservies, de la multitude malheureuse que, dès les temps néolithiques, ont formé les esclaves et les travailleurs.

Le travail, désormais, décide dans le monde. La guerre elle-même pose, avant tout, des problèmes industriels, des problèmes dont l'industrie décide seule.

Mais avant que la classe oisive et dominante, qui tirait sa force de la guerre, en vienne à sa déchéance présente, son oisiveté tendit à lui soustraire une partie de son importance. (Une malédiction véritable s'acharne à la fin sur quiconque laisse à d'autres l'effort ennuyeux, l'effort exigeant du travail.) Partout, l'aristocrate se voue, de lui-même, assez vite, à la décadence. C'est la loi qu'au XIVe siècle, un écrivain arabe de Tunisie formula. Pour Ibn Khaldoun, les vainqueurs s'adonnant à la vie urbaine, un jour ou l'autre étaient vaincus par des nomades, que leur vie plus rude avait maintenus au niveau des exigences de la guerre. Mais il nous faut appliquer le principe à un plus vaste domaine. En règle générale, à la longue, l'usage des richesses donne aux plus pauvres un ressort plus grand. Les plus riches ont d'abord la supériorité des ressources matérielles. Les Romains ont maintenu leur domination, du fait de l'avantage que, longtemps, leur valut la technique militaire. Mais le jour vint où cet avantage s'atténua, du fait d'une plus grande aptitude à la guerre du côté barbare, et d'une limitation, chez les Romains, du nombre des soldats.

Mais, jouant dans les guerres, la supériorité militaire n'eut de sens qu'au début. Dans les limites d'une civilisation matérielle donnée, stabilisée par un avantage durable, les classes déshéritées bénéficient d'une vigueur morale qui manque, en dépit de leur force matérielle, aux classes privilégiées.

Il nous faut aborder maintenant le problème de

l'érotisme, dont sans nul doute l'importance est secondaire..., mais qui, dans l'Antiquité, prit une place considérable, une place que, de nos jours, elle a perdue.

4. *Du rôle des classes inférieures dans le développement de l'érotisme religieux*

Pour autant que, dans l'Antiquité, l'érotisme eut un sens, pour autant qu'il eut son rôle dans l'activité humaine, ce ne furent pas toujours les aristocrates autant dire, en ce temps, ceux qui purent se donner le privilège de la richesse[7] — qui jouèrent ce rôle. C'était même avant tout l'agitation religieuse des sans-avoir qui en décidait dans l'ombre.

La richesse, évidemment, jouait. Dans la mesure où il s'agissait de formes stabilisées : le mariage, la prostitution tendaient à faire dépendre de l'argent la possession des femmes. Mais je dois, dans cet aperçu de l'érotisme antique, envisager d'abord l'érotisme religieux, surtout la religion orgiaque de Dionysos. Dans les limites du culte dionysiaque, en principe, l'argent ne jouait pas, ou ne jouait qu'en second lieu (comme la maladie dans le corps). Ceux qui prenaient part au orgies de Dionysos étaient souvent des sans-avoir, parfois même des esclaves. Suivant le temps et le lieu, là classe sociale et la richesse varièrent... (C'est à peine si nous sommes renseignés dans l'ensemble. Mais jamais nous ne le sommes avec précision).

Jamais nous ne pouvons rien dire de précis sur

l'importance qu'eut en général une activité désordonnée, qui ne semble pas avoir eu d'unité. Il n'y eut pas d'église dionysiaque unie, les rites en conséquence ont varié suivant les temps et les lieux. Nous ne les connaissons d'ailleurs jamais que dans l'incertitude.

Personne n'eut le souci d'informer la postérité. Personne même n'aurait pu le faire avec la précision voulue.

A peine pouvons-nous dire que, sans doute, avant les premiers siècles de l'empire, du moins, les aristocrates jouisseurs n'eurent pas de rôle important dans les sectes.

A l'origine, en Grèce, autant qu'il semble, la pratique des bacchanales au contraire eut le sens d'un dépassement de l'érotisme jouisseur. La pratique dionysiaque fut d'abord violemment religieuse, ce fut d'abord un mouvement embrasé, ce fut un mouvement perdu. Mais ce mouvement, dans l'ensemble, est si mal connu que les liens du théâtre grec et du culte de Dionysos sont difficiles à préciser. Nous ne pouvons nous étonner si, de quelque manière, l'origine de la tragédie semble liée à ce culte violent. Essentiellement le culte de Dionysos fut tragique. Il fut en même temps érotique, il le fut dans un désordre délirant, mais nous savons que, dans la mesure où le culte de Dionysos fut érotique, il était tragique... Avant tout d'ailleurs il était tragique, et c'est dans une horreur tragique que l'érotisme acheva de le faire entrer.

5. *Du rire érotique à l'interdit*

Dès qu'il envisage l'érotisme, l'esprit humain se trouve devant sa difficulté fondamentale.

L'érotisme, en un sens, est risible...

L'allusion érotique a toujours le pouvoir d'éveiller l'ironie.

Même à parler des *larmes* d'Eros, je le sais, je puis prêter à rire... Eros n'en est pas moins tragique. Que dis-je ? Eros est avant tout le dieu tragique.

On sait que l'Eros des Anciens put avoir un aspect puéril : il avait l'aspect d'un jeune enfant.

Mais l'amour n'est-il pas, à la fin, d'autant plus angoissant qu'il prête à rire ?

Le fondement de l'érotisme est l'activité sexuelle. Or, cette activité tombe sous le coup d'un interdit. Il est inconcevable ! il est *interdit* de faire l'amour ! A moins de le faire en secret.

Mais si, dans le secret, nous le faisons, l'interdit transfigure, il éclaire ce qu'il interdit d'une lueur à la fois sinistre [8] et divine : il l'éclaire, en un mot, d'une lueur religieuse.

L'interdit donne sa valeur propre à ce qu'il frappe. Souvent, à l'instant même où je saisis l'intention d'écarter, je me demande si, bien au contraire, je n'ai pas été sournoisement provoqué !

L'interdit donne à ce qu'il frappe un sens qu'en elle-même, l'action interdite n'avait pas. L'interdit engage à la transgression, sans laquelle l'action n'aurait pas eu la lueur mauvaise qui séduit... C'est la transgression de l'interdit qui envoûte...

Mais cette lueur n'est pas seulement celle que l'érotisme dégage. Elle éclaire la vie religieuse toutes les fois qu'entre en action la pleine violence, celle qui joue à l'instant où la mort ouvre la gorge — et termine la vie — de la victime.

Sacré !...

A l'avance, les syllabes de ce mot sont chargées d'angoisse, le poids qui les charge est celui de la mort dans le *sacrifice...*

Notre vie tout entière est chargée de mort...

Mais, en moi, la mort définitive a le sens d'une étrange victoire. Elle me baigne de sa lueur, elle ouvre en moi le rire infiniment joyeux : celui de la disparition !...

....
....

Si je ne m'étais, en ces quelques phrases, enfermé dans l'instant où la mort détruit l'être, pourrais-je parler de cette « petite mort », où sans vraiment mourir, je m'affaisserai dans le sentiment d'un triomphe !

6. *L'érotisme tragique*

Il est dans l'érotisme à la fin plus que nous ne sommes d'abord portés à le reconnaître.

Personne aujourd'hui n'aperçoit que l'érotisme est un monde dément, et dont, bien au-delà de ses formes éthérées, la profondeur est infernale.

J'ai donné une forme lyrique à l'aperçu que je propose, qui affirme le lien de la mort et de l'érotisme. Mais j'y insiste : le sens de l'érotisme, s'il nous est donné dans une profondeur abrupte, nous échappe. L'érotisme est d'abord la réalité la plus émouvante mais elle n'en est pas moins, dans le même temps, la plus ignoble. Même après la psychanalyse, les aspects contradictoires de l'érotisme apparaissent, en quelque manière, innombrables : leur profondeur est religieuse, elle est horrible, elle est tragique, elle est encore inavouable. Sans doute même d'autant plus qu'elle est divine...

Mise en regard de cette réalité simplifiée qui limite les hommes dans leur ensemble, c'est un dédale affreux où celui qui se perd doit trembler. Seul moyen d'approcher la vérité de l'érotisme : le tremblement...

Les hommes de la préhistoire le savaient, qui liaient leur excitation à l'image enfouie dans le puits de la grotte de Lascaux .

Les sectateurs de Dionysos l'ont su qui purent lier la leur à l'idée des bacchantes, à défaut de leurs propres enfants, déchirant de leurs dents, dévorant des chevreaux vivants [9] ...

7. *Le dieu de la transgression et de la fête : Dionysos*

A ce point, je veux m'expliquer sur le sens religieux de l'érotisme.

Le sens de l'érotisme échappe à quiconque n'en voit pas le sens *religieux* !

Réciproquement, le sens des religions dans leur ensemble échappe à quiconque néglige le lien qu'il présente avec l'érotisme.

Je m'efforcerai tout d'abord de donner de la religion l'image qui selon moi [10] répond à son principe, à son origine.

Il est dans l'essence de la religion, d'opposer à d'autres des actes coupables, exactement des actes interdits.

L'interdit religieux écarte en principe un acte défini, mais il peut en même temps donner à ce qu'il écarte une valeur. Parfois même il est possible, ou même il est prescrit de violer l'interdit, de le transgresser. Mais avant tout, l'interdit commande la valeur — une valeur dangereuse en principe — de ce qu'il refuse : grossièrement, cette valeur est celle du « fruit défendu » du premier chapitre de la *Genèse*.

Cette valeur se retrouve dans les fêtes, au cours desquelles est permis — même exigé — ce qui d'ordinaire est exclu. La transgression, dans le temps de la fête, est justement ce qui donne à la fête un aspect merveilleux, l'aspect divin. Entre les dieux, Dionysos est essentiellement lié à la fête. Dionysos est le dieu de la fête, le dieu de la transgression religieuse. Dionysos est donné le plus souvent comme le dieu de la vigne et de l'ivresse. Dionysos est un dieu ivre, c'est le dieu dont l'essence divine est la folie. Mais, pour commencer, la folie elle-même est d'essence divine. Divine, c'est-à-dire, ici, refusant la règle de la raison.

Nous avons l'habitude d'associer la religion à la loi, de l'associer à la raison. Mais si nous nous tenons à ce qui fonde *dans leur ensemble* les religions, nous devons rejeter ce principe.

La religion est sans doute, elle est même à la base subversive ; elle détourne de l'observation des lois. Du moins, ce qu'elle commande est-il l'excès, c'est le sacrifice, c'est la fête, dont l'extase est le sommet [11].

8. *Le monde dionysiaque*

Voulant donner de l'érotisme religieux une image frappante, j'étais amené à des considérations d'une complexité extrême. La question des rapports de l'érotisme et des religions est d'autant plus lourde que les religions vivantes d'aujourd'hui se contentent en général de les nier ou de les exclure. Il est banal d'affirmer que la religion condamne l'érotisme, alors qu'essentiellement, dans ses origines, celui-ci était associé à la vie religieuse. L'érotisme individualisé de nos civilisations modernes, en raison même de ce caractère individuel, n'a plus rien qui l'unisse à la religion — sinon la condamnation finale s'opposant au sens religieux du désordre de l'érotisme [12].

Cette condamantion toutefois s'inscrit dans l'histoire des religions : elle y figure négativement, mais elle y figure. J'ouvre ici une parenthèse, obligé de remettre à un autre ouvrage le développement auquel se lie mon affirmation (du fait d'un caractère philosophique inévitable). J'en arrive en effet au moment décisif de la vie humaine. Rejetant l'érotisme de la religion, les hommes ont réduit celle-ci à la morale utilitaire... L'érotisme, perdant son caractère sacré, devint immonde...

Je me bornerai pour l'instant à passer de ces considérations d'ensemble sur le culte de Dionysos à un exposé rapide de ce que nous savons de pratiques assez durables [13] qui donnèrent à l'érotisme religieux sa forme la plus digne d'attention.

Sans nul doute, en son essence même, il s'agit, à partir d'une existence purement mythologique ou rituelle, de la persistance d'une obsession. Dionysos fut le dieu de la transgression et de la fête. Il était en même temps, je l'ai dit, le dieu de l'extase et de la folie. L'ivresse, l'orgie, l'érotisme sont les aspects saisissables d'un dieu dont le vertige en profondeur dissout les traits. Plus haut que cette figure ivre, il est vrai, nous discernons une divinité agricole, archaïque. Dans son aspect le plus ancien, cette figure renvoie à des préoccupations matérielles, agraires, liées à la vie paysanne. Mais très vite le souci du travailleur des champs cesse de l'emporter sur le désordre de l'*ivresse* et de la *folie*. Dionysos n'était pas à l'origine un dieu du vin... La culture de la vigne n'avait pas en Grèce, au VIe siècle, l'importance qu'elle a prise en peu de temps...

La folie dionysiaque, il est vrai, fut elle-même une folie limitée, réservant l'intérêt de ses victimes : la mort n'en était que rarement l'issue... Le délire des Ménades atteignit le degré où le déchirement d'enfants vivants, de leurs propres enfants, sembla seul répondre à son désordre. Sans doute ne pourrions-nous affirmer que de tels excès s'introduisirent réellement dans les rites. Mais à défaut de leurs enfants, les Ménades délirantes déchiraient en les dévorant des chevreaux — ces chevreaux dont les cris d'agonie diffèrent peu des larmes des bébés [14].

Mais si nous connaissons le déchaînement des bacchanales, nous ne savons rien de précis sur les développements qu'il reçut. D'autres éléments durent s'y joindre. Les images figurant sur des monnaies thraces nous aident à nous représenter le désordre qui régna dans le sens d'un glissement à l'orgie. Ces monnaies ne représentent qu'un aspect archaïque des bacchanales. Les images figurant sur les vases des siècles successifs nous aident à voir ce que furent ces rites, dont la licence était la clef. Telles figurations tardives nous aident d'autre part à saisir un développement dans lequel la violence inhumaine des origines avait disparu : les belles peintures de la villa des Mystères à Pompéi nous permettent d'imaginer l'éclat qu'atteignent au Ier siècle de notre ère des cérémonies raffinées. Ce que nous savons de la répression sanglante de 186 A.D., que Tite-Live a relatée, fonde des accusations douteuses, qui servirent de base à une action politique destinée à contrecarrer une influence exotique débilitante. (En Italie, le culte de Dionysos, en dépit d'un Dionysos latin, du dieu Liber, eut le sens d'une importation orientale.) Les allégations de Tacite ou les récits de Pétrone nous laissent croire qu'en partie du moins, la pratique dionysiaque dégénéra en vulgaire débauche.

D'une part, nous croyons savoir que, dans les premiers siècles de l'Empire, la faveur du dionysisme fut telle que l'on aurait pu voir en lui le dangereux concurrent du christianisme. D'autre part, l'existence tardive d'un dionysisme assagi, d'un dionysisme décent, semble montrer que la peur de confusions engagea les fidèles de Dionysos à s'opposer à la virulence des premiers temps.

II
L'ÉPOQUE CHRÉTIENNE

1. *De la condamnation chrétienne à l'exaltation maladive (ou du christianisme au satanisme)*

Dans l'histoire de l'érotisme, la religion chrétienne eut ce rôle : elle en fut la condamnation. Dans la mesure où le christianisme régit le monde, il tenta de le libérer de l'érotisme.

Mais voulant dégager le résultat final, nous sommes évidemment embarrassés.

Le christianisme fut, en un sens, favorable au monde du travail. Il valorisa le travail, aux dépens de la jouissance. Sans doute, il fit du paradis le royaume de la satisfaction immédiate — en même temps qu'éternelle... Mais il en fit pour commencer le dernier résultat d'un effort.

Le christianisme est en un sens un trait d'union faisant du résultat à venir de l'effort — de l'effort, en premier, du monde ancien — le prélude d'un monde du travail.

Nous avons vu qu'à l'intérieur même du monde ancien, chaque jour un peu plus, la fin de la religion fut la vie d'outre-tombe, donnant au résultat dernier la valeur suprême, retirant cette valeur à l'instant. Mais le christianisme insista. Il ne laissa plus à la jouissance de l'instant qu'un sens de culpabilité par rapport au résultat dernier. Dans la perspective chrétienne, l'érotisme compromettait, il retardait du moins le résultat final.
Mais cette tendance eut sa contrepartie ; ce fut par la condamnation que le christianisme lui-même atteignit la valeur brûlante.

Il en alla de cette façon dans le satanisme. Le satanisme, étant la négation du christianisme, eut un sens dans le mesure où le christianisme parut vrai. (A la fin, cependant, la négation du christianisme s'accorda à la recherche de l'oubli.)
Le satanisme eut un rôle — en particulier vers la fin du Moyen Âge, et plus tard — mais son origine le privait de viabilité. L'érotisme fut nécessairement lié à ce drame. Fatalement le satanisme, à partir de la malédiction dont Satan fut la victime, à leur tour, voua ses fidèles à la malchance qui le frappait. Sans doute, la possibilité de l'erreur joua : le démon, semblait-il, avait le pouvoir de donner la chance. Mais une telle ap-

parence était à la fin décevante. L'inquisition eut le pouvoir de détromper...

La chance sans laquelle, inévitablement, l'érotisme eut pour résultat son contraire, *la malchance*, ne put être cherchée qu'en biaisant. Mais en biaisant, l'érotisme perdit sa grandeur : il se réduisit à la tricherie. A la longue la tricherie de l'érotisme en parut l'essence. L'érotisme dionysiaque était une affirmation — comme tout érotisme, en partie sadique — mais dans cette tricherie relative, l'affirmation alla biaisant [15].

2. *La réapparition de l'érotisme dans la peinture*

Le Moyen Age donna sa place à l'érotisme dans la peinture : il le relégua dans l'enfer [16] ! Les peintres de ce temps travaillaient pour l'Église. Et, pour l'Église, l'érotisme était le péché. Le seul aspect sous lequel la peinture pouvait l'introduire était la condamnation. Seules des représentations de l'enfer — à la rigueur des images répugnantes du péché — permirent de lui faire une place.

Les choses changèrent à partir de la Renaissance. Elles changèrent même — en Allemagne surtout — avant l'abandon des formes moyenâgeuses — de l'instant où des amateurs achetèrent des œuvres érotiques. Seuls les plus riches eurent en ces temps les moyens de passer la commande de peintures laïques. La gravure entraînait une moindre dépense. Mais la gravure n'était pas elle-même à la portée de toutes les bourses.

Il nous faut tenir compte de ces limites. Le reflet des passions, qui nous est donné dans ces peintures — ou dans ces gravures — est faussé. Ces peintures, ces gravures ne répondent pas de la même façon que l'imagerie du Moyen Age à la réaction générale, à celle du peuple. Mais le peuple était lui-même sujet à la violence de la passion : la violence pouvait jouer dans le monde raréfié d'où sortit cet art naissant de la nuit.

Sans doute, nous devons tenir compte de ces limites. En partie, le reflet des passions qui nous est donné dans la peinture — ou dans les gravures — est faussé. Ces peintures, ces gravures, ne traduisent pas de la même façon que l'imagerie du Moyen Âge un sentiment commun. Mais la violence de la passion n'en jouait pas moins dans cet art érotique naissant de la nuit du monde religieux, de ce monde survivant qui, pieusement, maudissait l'œuvre de chair...

Les œuvres d'Albert Dürer, de Lucas Cranach ou de Baldung Grien répondent encore à cette incertitude du jour. De ce fait, leur valeur érotique est en quelque sorte poignante. Elle ne s'affirmait pas dans un monde ouvert à la facilité. Il s'agit de lueurs vacillantes, et même, à la rigueur, fiévreuses. Il est vrai, les grands chapeaux des dames nues de Cranach répondent à l'obsession de provoquer. Aujourd'hui, notre légèreté est grande, et nous pourrions être tentés d'en rire... Mais nous devons accorder plus qu'un sentiment amusé à l'homme qui représenta une longue scie découpant, à partir de l'entrejambe, un supplicié nu, pendu par les pieds...

Dès l'abord à l'entrée de ce monde d'un érotisme lointain, souvent brutal, nous nous trouvons devant l'horrible accord de l'érotisme et du sadisme.
L'érotisme et le sadisme d'Albert Dürer ne sont guère moins liés dans ses œuvres que dans celles de Cranach ou de Baldung Grien. Mais c'est à la mort — à l'image d'une mort toute-puissante, qui nous terrifie, mais nous entraîne dans le sens de l'enchantement lourd d'effroi de la sorcellerie, c'est à la mort, à la pourriture de la mort, ce n'est pas à la douleur, que Baldung Grien lia l'attrait de l'érotisme. Un peu plus tard, ces assocations disparaîtront : le Maniérisme en libéra la peinture ! Mais c'est au XVIIIe siècle seulement que se fit jour l'érotisme, sûr de lui, l'érotisme libertin.

3. *Le maniérisme*

De toute la peinture érotique, la plus séduisante est, à mon sens, celle que le nom de Maniérisme désigna. Elle est d'ailleurs, encore à présent, mal connue. En Italie, la Maniérisme a procédé de Michel-Ange. En France, l'école de Fontainebleau l'a merveilleusement représenté. Sans doute, à l'exception de Michel-Ange [17], les peintres maniéristes ne sont guère estimés. Ce sont dans leur ensemble des méconnus. L'école de Fontainebleau pourrait avoir une autre place dans la peinture. Et les noms de Caron [18], de Spranger ou de

Van Haarlem ne méritent pas l'oubli dans lequel ils ont plus ou moins sombré. Ils ont aimé l'« ange du bizarre », ils s'en remirent à la sensation forte. Le classicisme les méprisa... Mais que signifie la sobriété, sinon la peur de tout ce qui n'est pas durable, de ce qui du moins parut ne pas devoir durer. Pour les mêmes raisons, Greco cessa lui-même d'attirer l'attention. La plupart des maniéristes, il est vrai, n'ont pas eu la violence du Greco — mais l'érotisme leur nuisit...

Je dois d'ailleurs observer que des peintres, sinon moins obsédés, moins hardis, s'avancèrent à peu près dans le même temps — dans les mêmes voies. Tintoret fut le maître du Greco, comme Titien, pratiquement, fut le maître du Tintoret. Mais en partie du fait qu'en Italie (qu'à Venise en particulier), le classicisme et l'affaissement furent moins profonds, le maniérisme et l'érotisme du Titien — ou du Tintoret — ne dérangèrent pas. Tandis que le Maniérisme du Greco choqua si bien l'Espagne du XVIIe que l'éclipse de l'un des peintres les plus étranges de l'Europe a duré trois siècles — ou peu s'en faut. En France, où jamais les excès d'un Greco n'auraient suscité l'intérêt, l'obsession érotique de Poussin, contraire, en principe à son classicisme, apparemment rencontra le vide... S'il s'est trahi, ce fut surtout dans une esquisse inutilisée.

4. *Le libertinage du XVIIIe siècle et le marquis de Sade*

Avec la France libertine du XVIIIe, un changement radical s'est produit. L'érotisme du XVIe était lourd. Il pouvait, chez Antoine Caron, aller de pair avec un sadisme délirant.

L'érotisme de Boucher inclina dans le sens de la légèreté. La légèreté put n'être là que pour ouvrir les voies à la lourdeur... Le rire parfois lève le rideau sur une hécatombe. Mais l'érotisme de ce temps ne sut rien des horreurs dont il fut le prélude.

Jamais Boucher ne dut rencontrer Sade. Quels que furent, il est vrai, ces excès d'horreurs qui, durant sa vie entière, n'ont pas cessé de l'obséder — et dont ses livres sont le féroce récit —, Sade pouvait rire [19]. Nous savons cependant que, lors d'un séjour qui le conduisit de la prison des Madelonnettes à celle de Picpus et qui, sans la réaction thermidorienne, aurait fini sur l'échafaud, la vue de ceux dont, sous ses yeux, la Révolution fit trancher les têtes [20], l'épuisait... Mais la vie de Sade lui-même — qui passa trente années de sa vie en prison, mais qui surtout meubla cette solitude de rêves multipliés : ceux de cris terribles et de corps sanglants. Sade lui-même endurant cette vie ne l'endura qu'imaginant l'intolérable. Il y eut dans son agitation l'équivalent d'une explosion qui le déchirait, mais qui néanmoins l'étouffait.

5. *Goya*

Le problème qu'ouvrit la tristesse solitaire de Sade ne saurait être résolu dans un effort lassant, ne mettant en jeu que des mots. L'humour seul répond toutes les fois qu'est posée la question dernière de la vie humaine. A la possibilité de surmonter l'horreur répond seul le mouvement du sang. Chaque fois la réponse est donnée dans la saute d'humeur : elle ne signifie que la saute d'humeur. A la rigueur, j'aurais pu tirer du langage de Sade un mouvement de violence (mais les dernières années de Sade portent à penser qu'à l'approche de la mort, la lassitude sinistre l'emportait [21]).

La question n'oppose pas une manière de voir justifiée à une autre injustifiable. Elle oppose des états nerveux contradictoires, auxquels ne répondent en dernier que les calmants ou les toniques...

La question demeure lancinante en nous. Reste une seule possibilité : d'opposer à l'exemple de la fureur, celui d'une horreur déprimée. Sade et Goya vécurent à peu près en même temps [22]. Sade, enfermé dans ses prisons, à la limite parfois de la rage ; Goya, le sourd, durant trente-six ans, enfermé dans la prison d'une surdité absolue. La Révolution française les éveilla l'un et l'autre à l'espoir : ils eurent l'un et l'autre une horreur malade du régime fondé sur la religion. Mais surtout la hantise des douleurs excessives les unit. Goya n'associa pas, comme Sade, la douleur à la volupté. Pourtant sa hantise de la mort et de la douleur eut en lui la violence convulsive qui les apparente à l'érotisme.

Mais l'érotisme est en un sens l'issue, c'est l'issue infâme de l'horreur. Le cauchemar de Goya comme sa surdité l'enferma, sans qu'humainement, il fût possible de dire, de Goya ou de Sade, celui que le sort enferma le plus durement. Que Sade, dans son aberration, garda des sentiments d'humanité n'est pas douteux. De son côté, Goya, dans ses gravures, ses dessins, ses peintures, atteignit (sans enfreindre, il est vrai, les lois) l'aberration la plus entière (il se pourrait d'ailleurs que Sade, dans l'ensemble, restât dans les limites des lois [23]).

6. *Gilles de Rais et Erzsébet Bathory*

Sade connut Gilles de Rais et en apprécia la dureté de pierre. Le plus remarquable est cette dureté : « Quand à la fin les enfants reposaient morts, il les embrassait... et ceux qui avaient les plus belles têtes et les plus beaux membres, il les donnait à contempler et il faisait cruellement ouvrir leurs corps et se délectait de la vue de leurs organes intérieurs. » ... Ces mots me retirent en dernier la possibilité de ne pas trembler : — « Et très souvent... quand les enfants mouraient, il s'asseyait sur leur ventre et il prenait plaisir à les voir ainsi mourir et *il en riait* avec les dits Corrillaut et Henriet... » (ses serviteurs). A la fin le sire de Rais qui, pour s'exciter à la limite, s'était enivré, tombait comme une masse. Les serviteurs nettoyaient la chambre, lavaient le sang..., et tandis que le maître dormait, ils avaient eu soin de brûler les vêtements un par un, voulant, disaient-ils, éviter les « mauvaises odeurs [24] ».

S'il avait connu l'existence d'Erzsébet Bàthory, sans nul doute, Sade aurait eu la pire exaltation. Ce qu'il sut d'Isabeau de Bavière l'exalta, Erzsébet Bàthory aurait tiré de lui un hurlement de fauve [25]. J'en parle dans ce livre : et je ne puis le faire que sous le signe des larmes. C'est en moi dans la conscience à l'opposé du sang-froid délirant qu'appelle le nom d'Erzsébet Bàthory que s'ordonnent ces phrases désolées. Il ne s'agit pas de remords, il ne s'agit pas non plus, comme il en fut dans l'esprit de Sade, de l'orage du désir. Il s'agit d'ouvrir la conscience à la représentation de ce que l'homme est vraiment. Devant cette représentation, le christianisme s'est dérobé. Dans leur ensemble sans doute les hommes doivent à jamais se dérober, mais la conscience humaine — dans l'orgueil et l'humilité, avec passion, mais dans le tremblement — doit s'ouvrir à l'horreur au sommet. La lecture aujourd'hui facile des œuvres de Sade n'a pas changé le nombre des crimes — pas même celui des crimes sadiques — mais elle ouvre en entier la nature humaine à la conscience de soi !

7. *L'évolution du monde moderne*

Nous le savons, nous n'avons d'autre issue que la conscience. Ce livre-ci, pour l'auteur, n'a qu'un sens : *il ouvre à la conscience de soi !*

La période qui suivit Sade et Goya perdit ces aspects abrupts. Il y eut un sommet que, personne, depuis lors, n'a gravi. Il serait pourtant prématuré de dire que, finalement, la nature humaine s'adoucit. Les guerres n'en ont pas apporté la preuve... Il n'en est pas moins vrai que, de Gilles de Rais, qui n'affirma pas ses principes, au marquis de Sade qui, les affirmant, ne les mit pas vraiment en action, nous voyons décliner la violence. Gilles de Rais, dans ses forteresses, tortura et tua des dizaines d'enfants, peut-être des centaines... Un peu plus d'un siècle plus tard, à l'abri des murs de ses châteaux, une grande dame, Erzsébet Bàthory, mit à mort, en Hongrie, de jeunes servantes, et, plus tard, des jeunes filles de la noblesse. Elle le fit avec une cruauté infinie... Le XIXe siècle en principe eut moins de violence. Il est vrai que les guerres, au XXe, ont donné l'impression d'un surcroît de déchaînement. Mais quelque immense que fut son horreur, ce déchaînement fut mesuré, ce fut l'ignominie parfaite dans la discipline !

La cruauté de la guerre accrue et l'étouffement dans la discipline ont réduit la part de détente infâme et de soulagement, qu'autrefois la guerre donnait au vainqueur. En sens inverse, aux hécatombes s'ajouta l'horreur pourrie, l'horreur enlisée des camps. Délibérément l'horreur prit le sens de la dépression : les guerres de notre siècle ont mécanisé la guerre, la guerre est devenue sénile. Le monde à la fin cède à la raison. Et jusque dans la guerre, le travail en devient le principe, il en devient la loi fondamentale.

Mais à mesure qu'il se dérobe à la violence, il gagne par la conscience ce qu'il perd en aveugle brutalité. Cette nouvelle orientation, la peinture en particulier s'en fait peu à peu le fidèle reflet. La peinture échappe à la stagnation idéaliste. Même à travers ces libertés qu'elle prend devant l'exactitude, devant le monde réel, c'est l'idéalisme avant tout qu'elle veut ruiner. Il se peut qu'en un sens l'érotisme aille à l'encontre du travail. Mais en rien cette opposition n'est vitale. En rien ce qui menace aujourd'hui les hommes n'est la jouissance matérielle. La jouissance matérielle est en principe contraire à l'accroissement des richesses. Mais l'accroissement des richesses est — en partie du moins — contraire à la jouissance que nous sommes en droit d'attendre d'elles. L'accroissement des richesses mène à la surproduction dont la guerre est la seule issue. Je ne dis pas que l'érotisme soit le seul remède à la menace de la misère, liée à l'accroissement déraisonnable des richesses. Il s'en faut. Mais sans le calcul des diverses possibilités de consommation opposées à la guerre, et dont la jouissance érotique — la consommation de l'énergie dans l'instant — est le type, nous ne saurions découvrir une issue que fonderait la raison.

8. *Delacroix, Manet, Degas, Gustave Moreau et les Surréalistes*

La peinture, à partir de là, avait le sens d'une possibilité ouverte allant, en un sens, plus loin que celle de la littérature. Non que celle de Sade — mais Sade ne fut, en premier lieu, que peu connu... : seuls des privilégiés pouvaient lire de rares exemplaires en circulation.

Même si, dans l'ensemble, il demeura fidèle aux principes de la peinture idéaliste, Delacroix inclina dans le sens d'une peinture nouvelle et, sur le plan de l'érotisme, il lia sa peinture à la représentation de la mort.

Le premier, Manet s'écarta résolument des principes de la peinture conventionnelle, représentant ce qu'il voyait et non ce qu'il aurait dû voir. Son choix l'engageait, au surplus, dans la voie d'une vision crue, d'une vision brutale, que l'habitude reçue n'avait pas déformée. Les nus de Manet ont une brusquerie que ne voile pas le vêtement de l'habitude — qui déprime —, de la convention — qui supprime. Il en va de même des filles de maisons closes, tels que Degas dans ses monotypes en voulut affirmer l'incongruité [26]...

Evidemment, les peintures de Gustave Moreau vont à l'opposé. Tout en elles est conventionnel. Il reste que la violence est contraire à la convention : la violence de Delacroix était si grande que la convention dans ses tableaux voilait mal les formes qui répondaient au principe de l'idéalisme. Ce ne fut pas la violence, ce fut la perversion, l'obsession sexuelle, qui lia les figures de Gustave Moreau à la nudité angoissante de l'érotisme...

Il me faut parler maintenant, pour finir, de la peinture surréaliste, qui représente en somme le maniérisme d'aujourd'hui. Maniérisme ? Ce mot dans l'esprit de ceux qui l'emploient n'a plus le sens d'un décri. Je n'y ai recours que dans le sens où il traduit la violence tendue sans laquelle nous ne pourrions nous libérer de la convention. J'aimerais l'employer pour exprimer la violence de Delacroix ou celle de Manet, la fièvre de Gustave Moreau. Je m'en sers afin d'insister sur l'opposition d'un classicisme, poursuivant d'immuables vérités : le maniérisme est la recherche de la fièvre !

Cette recherche, il est vrai, peut servir de prétexte au besoin, maladif lui-même, d'attirer l'attention ; tel est le cas d'un homme qui voulut tricher avec l'érotisme, oubliant sa dangereuse vérité [27]...

Personne aujourd'hui ne réserve le mot de surréalisme à l'école qui voudrait, par ce nom, se réclamer d'André Breton. J'ai préféré toutefois parler de maniérisme ; je veux marquer l'unité fondamentale de peintures dont l'obsession est de traduire la fièvre : la fièvre, le désir, la brûlante passion. Je ne veux pas tenir compte de l'artifice que le mot suggère ; si le mot se lie au désir, c'est dans la tête de ceux qui veulent l'emphase. Le trait essentiel des peintres dont je parle est de haïr la convention. Cela seul leur fit aimer la chaleur de l'érotisme — je parle de l'irrespirable chaleur que l'érotisme dégage... Essentiellement, la peinture dont je parle est en ébullition, elle vit... elle brûle... je ne puis parler d'elle avec la froideur que demandent les jugements, les classements...

NOTES

1. Mésolithique se rapporte à la "pierre moyenne", intermédiaire entre la "pierre ancienne" (paléolithique) et la "pierre nouvelle" (néolithique), ou "pierre polie".
2. J'ai reproduit cette peinture dans *L'Érotisme,* Ed. de Minuit, pl. VIII, p. 112.
3. Vers la fin du Paléolithique et sans doute durant la transition du Paléolithique au Néolithique que furent les temps mésolithiques. Cf. plus haut p. 49, 12.
4. En gros, le sud-ouest de la France et le nord de l'Espagne. Cf. plus haut, note 1.
5. Si la prostitution n'est pas nécessairement, dès l'abord, une forme dégradante (c'est le cas de la prostitution religieuse, de la prostitution sacrée), elle aboutit bien vite, à partir de la misère servile, à la *basse prostitution.*
6. Dans *La Phénoménologie de l'esprit* (1806).
7. En Grèce, du moins, la naissance que la richesse ne soutenait pas n'avait pas de sens légal.
8. L'éclairage de l'obscénité, comme celui du crime, est lugubre.
9. Je suis peut-être à l'instant mal compris... Mais sans plus attendre, il me faut renvoyer le lecteur aux chapitres de mon livre.
10. C'est seulement à la suite de cette affirmation de principe sur le sens de la religion que prend un sens l'exposé d'ensemble de la religion dionysiaque.

Il est banal de donner à la religion le sens de la morale qui, généralement, fait dépendre de leurs conséquences la valeur des actes. Mais dans la religion, les actes ont essentiellement leur valeur immédiate, une valeur sacrée. Il est possible évidemment (cela joue dans une large mesure) de disposer d'une valeur sacrée dans le sens de l'utilité (l'on assimile à ce moment cette valeur à une force). Mais la valeur sacrée n'en est pas moins dans son principe une valeur immédiate : elle n'a de sens que dans l'instant de cette transfiguration, où justement nous passons de la valeur utile à la valeur ultime, la valeur indépendante de tout effet postérieur à l'instant même, c'est au fond la valeur esthétique.

Kant a vu la position du problème, mais sans doute y a-t-il

une échappatoire dans son affirmation (s'il n'a pas vu que sa position suppose dans le jugement l'accord préalable sur l'utilité, contre l'utilité).

11. Je dois, dans un exposé rapide, représenter les faits dans leur ensemble.

12. Il existe, à la rigueur, de vagues survivances prêtant au christianisme (à ce contraire du moins du christianisme, qu'est le satanisme), un intérêt érotique ; mais le satanisme a perdu, depuis Huysmans, la valeur actuelle que celui-ci décrivit à la fin du XIX*e* siècle, dans *Là-bas*. Pour autant que je puis le savoir, les survivances ne sont plus que des comédies organisées commercialement.

13. Il s'agit au moins d'un millénaire. Il est vraisemblable d'ailleurs que le dionysisme du VI*e* siècle prolonge des coutumes déjà très anciennes. Il est possible aussi que le satanisme, auquel j'ai déjà fait allusion, se rattache dans l'ensemble à une persistance du culte de Dionysos (v. pp. 94-95).

14. Etant moi-même enfant, j'entendais, plein d'angoisse, les larmes des chevreaux, qu'égorgeait, devant la maison, le couteau de la bouchère.

15. Mais il y eut une exception capitale : Sade. J'y reviendrai.

16. Dante lui-même relégua l'érotisme dans l'enfer. Mais Paolo et Francesca, dans le poème de Dante, au fond des enfers atteignent l'amour *sublime*.

17. A l'exception de Michel-Ange et de Greco. Mais je ne parle ici que du maniérisme érotique, et pour autant qu'il me semble, l'érotisme touche à l'essentiel du Maniérisme. Je dois donc dire ici dans quelle mesure et de quelle façon Greco se rattache au maniérisme. Il s'y rattache de la même façon que le mysticisme d'une sainte Angèle de Foligno ou d'une sainte Thérèse d'Avila se rattache au christianisme exaspéré, dans lequel le souci de l'avenir — qui fonde essentiellement le christianisme — a laissé la place au souci de l'instant présent (dont j'ai dit qu'il répond à la violence, à l'intensité de l'érotisme).

18. Antoine Caron (Beauvais 1520 - Paris 1598) a été formé à l'école de Fontainebleau, sous la direction du Primatice. Sa peinture est liée à la manière de Niccolo dell'Abate, mais sa "folie" déborde largement le cadre de ses maîtres et de ses inspirateurs.

19. *La Philosophie dans le boudoir* est un livre plaisant : liant l'horreur à la plaisanterie.
20. L'on avait dressé la guillotine dans le jardin de la prison.
21. Voir G. BATAILLE, *L'Erotisme,* Ed. de Minuit, 1957.
22. Goya, né six ans après Sade, en Espagne, est mort en France, quatorze ans après lui. L'entière surdité frappa Goya en 1792 à Bordeaux.
23. Il ne prit cependant le parti de se satisfaire en imagination, par le récit, qu'en prison et tardivement. De nos jours, l'affaire de Marseille, qui sans doute l'a conduit à la détention sans fin, n'aurait pas de si lourdes conséquences...
24. Cf. *Procès de Gilles de Rais.* Documents précédés d'une introduction de G. BATAILLE, Club français du Livre, 1959.
25. Un ouvrage de VALENTINE PENROSE sur Erzsébet Bathory est paru au Mercure de France.
26. Cézanne jeune est imbu de la même tendance : son *Olympia* voulut s'opposer à celle de Manet par une incongruité accusée, mais qui, somme toute, n'était pas plus convaincante que celle de Manet (qui trouva plus de vérité, plus d'étrangeté, pour répondre à l'intensité de l'attrait sexuel).
27. Je parle de Salvador Dali dont la peinture autrefois me parut brûlante et dont je ne vois guère aujourd'hui que l'artifice. Mais je crois que le peintre lui-même se laissa prendre à l'étrangeté, risible en même temps que brûlante, de ses propres artifices.

III

EN GUISE DE CONCLUSION

1. *Personnages fascinants*

J'ai voulu, dans les deux chapitres qui précèdent, rendre sensible le glissement de l'érotisme sans mesure à l'érotisme conscient.

Le passage des violences déchaînées de la guerre, à la tragédie représentée, aurait-il le sens d'un déclin ?

Le combat aurait-il — humainement — l'intérêt de la tragédie ? A la fin la question est déchirante.

Le premier mouvement est d'écarter l'intérêt de la comédie...

Un sentiment de déchéance nous déprime, si nous opposons au déchaînement sans mesure, à l'absence de peur, le calcul.

Nous le savons pourtant, nous n'accédons pas vite à la richesse de la possibilité. Comme la vengeance — ce plat qui se mange froid — la connaissance, éblouie, mais claire, de nos richesses veut l'apaisement de la violence, la froideur relative des passions. Des hommes ne viennent à bout de leurs possibles qu'en deux temps. Le premier est celui de leur déchaînement, mais le second celui de la conscience. Nous devons évaluer ce que dans la conscience nous perdons, mais nous devons, dès l'abord, apercevoir qu'à la mesure de cette humanité qui nous enferme, la clarté de la conscience signifie le refroidissement. Liée à la conscience, nous mesurons la déchéance inévitable... Ce principe n'en est pas moins vrai : nous ne pouvons faire de différence entre l'humain et la conscience...

Ce qui n'est pas conscient n'est pas humain.

Il nous faut faire une place à cette nécessité première. Nous ne pouvons être, nous ne pouvons vivre humainement qu'à travers les méandres du temps : seul l'ensemble du temps compose et complète la vie humaine. La conscience à l'origine est fragile — en raison de la violence des passions ; elle se fait jour un peu plus tard en raison de leur accalmie. Nous ne pouvons mépriser la violence, nous ne pouvons nous rire de l'accalmie.

Le sens d'un moment précis pourrait-il apparaître en un seul temps ? Inutile d'insister . seule la succession des moments s'éclaire. Un moment n'a de sens que par rapport à l'ensemble des moments. Nous ne sommes chaque fois que des fragments dépourvus de sens si nous ne les rapportons à d'autres fragments. Comment pourrions-nous renvoyer à l'ensemble achevé ?

Tout ce que je puis faire, à l'instant, est d'ajouter une vue nouvelle, et s'il est possible, la vue finale, à toutes celles que j'ai proposées.

Je m'enfoncerais dans un ensemble dont la cohésion pourra m'apparaître à la fin...

Le principe de ce mouvement est l'impossibilité de la conscience claire à qui seule la conscience immédiate est donnée.

Je propose à ma réflexion de m'attarder sur des figures à peu près contemporaines, que seule la photographie me fit connaître. Des moments qu'ils vécurent, les deux personnages en question eurent peu de conscience. Le premier est un *sacrifiant* vaudou. Le second est un supplicié chinois, dont le supplice évidemment ne pouvait avoir d'autre fin que la mort...

Le jeu que je me propose est de me représenter, pour moi-même, avec soin, ce qu'ils vivaient au moment où l'objectif fixa leur image sur le verre ou la pellicule.

2. *Le sacrifice vaudou*

Ce qu'a vécu le sacrifiant vaudou fut une sorte d'extase. Une extase en un sens comparable à l'ivresse. Une extase que la mise à mort d'oiseaux provoqua. Je n'ajouterai rien à ces très belles photographies dues à l'un des photographes les plus remarquables — et les plus réputés — d'aujourd'hui. Sinon que, les regardant avec passion, nous pouvons pénétrer dans un monde aussi loin du nôtre qu'il est possible.

Ce monde est celui du sacrifice sanglant.

A travers le temps le sacrifice sanglant ouvrit les yeux de l'homme à la contemplation de cette réalité excédante, sans commune mesure avec la réalité quotidienne, qui reçoit dans le monde religieux, ce nom étrange : le *sacré*. De ce mot, nous ne pouvons donner une définition justifiable. Mais certains d'entre nous peuvent encore imaginer (tenter d'imaginer) ce que signifie le *sacré*. Et sans doute tels lecteurs de ce livre, en face de ces photographies, s'efforceront-ils d'en apporter le sens à l'image que représente à leur yeux la réalité sanglante du sacrifice, la réalité sanglante de la mort animale dans le sacrifice. A l'image..., peut-être au sentiment trouble où l'horreur vertigineuse et l'ivresse se composent..., où la réalité de la mort elle-même, de la brusque venue de la mort, possède un sens plus lourd que la vie, plus lourd... et plus glaçant.

3. *Supplice chinois*

Le monde lié à l'image ouverte du supplicié photographié, dans le temps du supplice, à plusieurs reprises, à Pékin, est, à ma connaissance, le plus angoissant de ceux qui nous sont accessibles par des images que fixa la lumière. Le supplice figuré est celui des *Cent morceaux*, réservé aux crimes les plus lourds. Un de ces clichés fut reproduit, en 1923 dans le *Traité de psychologie* de Georges Dumas. Mais l'auteur, bien à tort, l'attribue à une date antérieure et en parle pour donner l'exemple de l'*horripilation* : les cheveux dressés sur la tête ! Je me suis fait dire qu'afin de prolonger le supplice, le condamné recevait une dose d'opium. Dumas insiste sur l'apparence extatique des traits de la victime. Il est bien entendu, je l'ajoute, qu'une indéniable apparence, sans doute, en partie du moins, liée à l'opium, ajoute à ce qu'a d'angoissant l'image photographique. Je possède, depuis 1925 un de ces clichés. Il m'a été donné par le Docteur Borel, l'un des premiers psychanalystes français. Ce cliché eut un rôle décisif dans ma vie. Je n'ai pas cessé d'être obsédé par cette image de la douleur, à la fois extatique (?) et intolérable. J'imagine le parti que, sans assister au supplice réel, dont il rêva, mais qui lui fut inaccessible, le marquis de Sade aurait tiré de son image : cette image, d'une manière ou de l'autre, il l'eût incessamment devant les yeux. Mais Sade aurait voulu le voir dans la solitude, au moins dans la solitude relative, sans laquelle l'issue extatique et voluptueuse est inconcevable.

Bien plus tard, en 1938, un ami m'initia à la pratique du yoga. Ce fut à cette occasion que je discernai, dans la violence de cette image, une valeur infinie de renversement. A partir de cette violence — je ne puis, encore aujourd'hui, m'en proposer une autre plus folle, plus affreuse — je fus si renversé que j'accédai à l'extase. Mon propos est ici d'illustrer un lien fondamental : celui de l'extase religieuse et de l'érotisme — en particulier du sadisme. Du plus inavouable au plus élevé. Ce livre n'est pas donné dans l'expérience limitée qu'est celle de tous les hommes.

Je ne pouvais le mettre en doute...

Ce que soudainement je voyais et qui m'enfermait dans l'angoisse — mais qui dans le même temps m'en délivrait — était l'identité de ces parfaits contraires, opposant à l'extase divine une horreur extrême.

Telle est, selon moi, l'inévitable conclusion d'une histoire de l'érotisme. Mais je dois l'ajouter : limité à son domaine propre, l'érotisme n'aurait pu accéder à cette vérité fondamentale, donnée dans l'*érotisme religieux*, l'identité de l'horreur et du religieux. La religion dans son ensemble se fonda sur le sacrifice. Mais seul un détour interminable a permis d'accéder à l'instant où, visiblement, les contraires paraissent liés, où l'horreur religieuse, donnée, nous le savions, dans le sacrifice, se lie à l'abîme de l'érotisme, aux derniers sanglots que seul l'érotisme illumine.

TABLE DES MATIÈRES

Georges Bataille au loin, par J.M. Lo Duca 7
Lettres inédites 25
LES LARMES D'ÉROS
  Avant-propos 47
  Iere *Partie : Le Commencement*
  (La Naissance d'Éros) 53
    I. La Conscience de la mort 55
      1. L'Érotisme, la mort et le "diable" 55
      2. Les Hommes préhistoriques et les cavernes peintes 57
      3. L'Érotisme lié à la connaissance de la mort 60
      4. La Mort au fond du "puits" de la caverne Lascaux 62
    II. Le Travail et le jeu 67
      1. L'Érotisme, le travail et la petite mort ... 67
      2. Des cavernes deux fois magiques 71

2ème *Partie : La Fin*
(De l'Antiquité à nos jours) 81
  I. Dionysos ou l'Antiquité 83
    1. La Naissance la guerre 83
    2. L'Esclavage et la prostitution 85
    3. La Primauté du travail 86
    4. Du rôle des classes inférieures dans le développement de l'érotisme religieux 89
    5. Du rire érotique à l'interdit 91
    6. L'Érotisme tragique 92
    7. Le Dieu de la transgression et de la fête : Dionysos 94
    8. Le Monde dionysiaque 95
  II. L'Époque chrétienne 99
    1. De la condamnation chrétienne à l'exaltation maladive (ou du christianisme au satanisme) 99
    2. La Réapparition de l'érotisme dans la peinture 101
    3. Le Maniérisme 103
    4. Le Libertinage du XVIIIe siècle et le marquis de Sade 105
    5. Goya 106
    6. Gilles de Rais et Erzébet Bathory 107
    7. L'Évolution du monde moderne 108
    8. Delacroix, Manet, Degas, Gustave Moreau et les Surréalistes 110
  III. En guise de conclusion 117
    1. Personnages fascinants 117
    2. Le Sacrifice vaudou 119
    3. Supplice chinois 120

Impression réalisée sur Presse Offset par

C P I
Brodard & Taupin

La Flèche (Sarthe), 45190
N° d'édition : 1086
Dépôt légal : 4ᵉ trimestre 1978
Nouveau tirage : janvier 2008

Imprimé en France